Das Buch

»Finden Sie Hitler – tot oder lebendig!« So lautet der Auftrag an eine kleine Gruppe sowjetischer Offiziere, zu der – als Dolmetscherin – auch Gardeleutnant Jelena Rshewskaja gehört.
Und nachdem der Gesuchte entdeckt, viele Zeugen befragt und in Berlin-Buch seine Leiche obduziert worden war, bekommt sie am 8. Mai ein Schächtelchen in die Hand gedrückt: Das ist das Gebiß Adolf Hitlers. Um den endgültigen Beweis zu bekommen, muß sie den Zahnarzt des »Führeres« ausfindig machen. Praktisch ist Jelena Rshewskaja jene Person, die den wichtigsten Beweis für die Identität des durch Suizid geendeten Hitlers lieferte ...
Ihr Bericht über jene aufregende Woche in Berlin ist frisch, als sei das Erlebte erst gestern geschehen, und frei von ideologischer Interpretation. Das macht ihn zu einer einzigartigen historischen Quelle.

Die Autorin

Jelena Rshewskaja, Jahrgang 1919, geboren und aufgewachsen in Gomel. Sie studierte Philologie und Philosophie. Im Herbst 1941 absolvierte sie eine Ausbildung als Kriegsdolmetscher in Stawropol. Ab Januar 1942 Fronteinsatz. Als Gardeleutnant am Sturm auf Berlin beteiligt.
Sie lebt heute als Schriftstellerin in Moskau.

Der Herausgeber

Stefan Doernberg, Jahrgang 1924, geboren in Berlin, Emigration mit der Familie 1935 in die Sowjetunion. Aufnahme in die Rote Armee, zu der er sich am Tage des Überfalls auf die UdSSR 1941 gemeldet hatte. Dolmetscht u. a. für General Tschuikow die Kapitulationsverhandlungen der Berliner Garnison.
Nach dem Krieg Historiker und von 1983 bis 1987 Botschafter der DDR in Finnland.

Hitlers Ende ohne Mythos

Jelena Rshewskaja erinnert sich
an ihren Einsatz im Mai 1945
in Berlin

Herausgegeben von Stefan Doernberg

neues leben

ISBN 3-355-01705-1

© 2005 Neues Leben Verlags GmbH & Co. KG
Rosa-Luxemburg-Str. 39, 10178 Berlin
Umschlagentwurf: ansichtssache – Büro für Gestaltung
Druck und Bindung: Salzland Druck, Staßfurt

Die Bücher des Verlags Neues Leben
erscheinen in der Eulenspiegel Verlagsgruppe

www.verlag-neues-leben.de

»Finden Sie Hitler – tot oder lebendig!«

Mit aller Bestimmtheit hörte ich die Nachricht von Hitlers Tod zumindest zwei Tage früher als Jelena Rshewskaja. Das war purer Zufall. Wenn man vom engsten Gefolge Hitlers in den letzten Kriegstagen absieht, war ich offensichtlich der erste Deutsche, der vom Ende dieses in der ganzen Welt meistgehaßten Verbrechers erfuhr.

Es ergab sich, daß die Vorverhandlungen über die Kapitulation der deutschen Wehrmacht in der Reichshauptstadt und die Unterzeichnung des Befehls über die Einstellung der Kampfhandlungen im Befehlsstand des Oberbefehlshabers der 8. Gardearmee erfolgten. Das war von symbolischer Bedeutung. Die 62. Armee, die dann zur 8. Gardearmee wurde, hatte in Stalingrad den letzten Uferstreifen an der Wolga erfolgreich verteidigt und so wesentliche Voraussetzungen für die Wende im Zweiten Weltkrieg ermöglicht. Im Frühjahr 1945 nahm dann die von General Wassili Tschuikow befehligte Armee an der letzten großen Schlacht des Krieges teil. Ich diente als Leutnant in dieser Armee und erfüllte unterschiedliche Aufgaben, etwa die eines Dolmetscher. So wollte es der Zufall, daß ich in dieser Eigenschaft zu jenen gehörte, die als erste vom Tode Hitlers erfuhren.

Das geschah am späten Abend des 30. April. Generaloberst Tschuikow empfing in einem Mietshaus am Schulenburg-Ring den General der Infanterie Hans Krebs, der kurz zuvor zum Chef des Generalstabes des Heeres ernannt worden war. Um seine Position zu verbessern, erklärte er eingangs: »Sie sind der erste Nicht-Deutsche, der das erfährt, was ich Ihnen jetzt mitteile: Der Führer ist heute aus dem Leben geschieden.«

Er machte eine theatralische Pause, vermutlich um festzustellen, wie sehr diese Information wirkte.

Doch Tschuikow verzog keine Miene und sagte nur: »Das ist uns bekannt. Was ergibt sich daraus?«

Die Reaktion verblüffte alle gleichermaßen. Woher hatte der Generaloberst diese Information? Niemand fragte ihn. Jahre später tat man es doch. Tschuikow antwortete: »Nichts habe ich gewußt. Aber sollte ich dem verdammten Fritzen zugeben, daß er mir eine Neuigkeit auftischte, die mich in Freude versetzte?«

Jelena Rshewskaja, Leutnant wie ich, diente zur selben Zeit in der 3. Stoßarmee. Sie war dort ebenfalls mit Dolmetscheraufgaben beauftragt und gehörte zu jener speziellen Gruppe der Spionageabwehr, die den Auftrag hatte, Hitler zu finden – tot oder lebendig. Sodann sollten die Umstände von Hitlers Tod, wenn er denn nicht mehr lebte, aufgeklärt werden, nicht zuletzt durch Befragungen deutscher Augenzeugen.

Am frühen Morgen des 2. Mai 1945 tippte ich den Befehl von General Weidling zur Einstellung der Kampfhandlungen in Berlin auf einer Schreibmaschine in mehreren Exemplaren. Als Befehlshaber des Verteidigungsbereiches Berlin war Weidling in den Stab von Generaloberst Tschuikow gekommen, um die Kapitulation der ihm unterstellten Truppen der Wehrmacht zu erklären. In seinem Befehl an die Soldaten begründete er den längst überfälligen Schritt mit den Worten: »Am 30.4.45 hat sich der Führer selbst entleibt und damit uns, die wir ihm die Treue geschworen hatten, im Stich gelassen.«

Das sollte die wichtigste Begründung für die Einstellung der so opferreichen und völlig sinnlosen Kämpfe sein?

Nach den Worten dieses hochrangigen Generals glaubten offenkundig die Soldaten und Offiziere noch immer, auf Befehl »des Führers« um Berlin kämpfen zu müssen. Mit seinem Selbstmord aber wäre nunmehr der auf ihn geleistete Eid aufgehoben.

Das erschien mir mit Recht merkwürdig. Ich war ein junger Deutscher, der in Moskau 1935 mit seinen Eltern politisches Asyl gefunden und sich am Tage des Überfalls auf die Sowjetunion, am 22. Juni 1941, freiwillig zur Roten Armee gemeldet hatte.

Doch ich schrieb den Befehl wortwörtlich auf einer Reiseschreibmaschine ab. Ausgerüstet mit einem Lautsprecherwagen fuhr ich dann zusammen mit einem Adjutanten General Weidlings durch Berlin, um dessen Befehl jenen Einheiten zu übermitteln, zu denen der Stab der Wehrmacht keine funktionierende Verbindung mehr hatte. So wurde auch die Nachricht vom Selbstmord Hitlers für viele am 2. Mai publik.

Weidlings Befehl war für mich zugleich eine Bestätigung der Mitteilung, die Generaloberst Krebs Stunden zuvor gegenüber General Tschuikow gemacht hatte.

Nach meiner Erinnerung hinterließ die Nachricht über Hitlers Ende bei mir keinen so großen Eindruck. Wie wohl die meisten hatte ich durchaus erwartet, daß dieser Massenmörder, der die Hauptschuld an der Entfesselung des furchtbaren Vernichtungskrieges trug, das schmachvolle Ende dieses Wahns nicht überleben würde. Nicht zufällig war der Ausdruck »Hitler kaputt!« inzwischen zum geflügelten Wort geworden. Soldaten der Roten Armee führten es im Munde bei der Begegnung mit Deutschen, Soldaten der Wehrmacht riefen es, wenn sie die Hände hoben, um sich wenigstens in Worten sofort vom faschistischen Regime zu distanzieren.

»Hitler kaputt« verstanden die meisten auch wörtlich.

Den Beginn des lang ersehnten Friedens mit einem lebenden Hitler konnte ich mir nicht vorstellen. Auf welche Weise er sein Leben aushauchte, schien mir damals ohne größere Bedeutung zu sein. Ist es eigentlich auch heute noch. Viel wichtiger war und ist eine überzeugende Analyse der Ursachen des Zweiten Weltkriegs, seines Verlaufs und der Lehren, die nach dem Sieg über die faschistischen Aggressoren gezogen wurden.

Dazu gehört auch, eindeutig zu benennen, wer den entscheidenden Anteil an der Rettung der menschlichen Zivilisation vor dem ihr drohenden Absturz in die Barbarei leistete und die größten

Opfer im Krieg wie bei der Befreiung der Völker vom Faschismus trug.

1945 gab es auch andere Gründe, warum ich mich nicht so sehr für die Umstände von Hitlers Suizid und sein Aussehen interessierte. Ich hatte nämlich davon gehört, daß seine Leiche durch die Verbrennung im Garten der Reichskanzlei völlig entstellt worden wäre, weshalb weitere Untersuchungen erforderlich seien, um die Identität zweifelsfrei festzustellen. Ich hatte im Krieg sehr viele schrecklich verstümmelte und entstellte Tote gesehen: Frontkameraden, unter ihnen ganz enge Freunde, und völlig fremde Menschen. Soldaten, Männer und Frauen, auch Kinder. Unvergessen blieben mir die von der SS beim Rückzug erschossenen Häftlinge aus Konzentrationslagern. Auch deshalb schien es mir ohne größere Bedeutung zu sein, daß und auf welche Weise Hitler zu einem der letzten Toten des Vernichtungskrieges geworden war – ob er nun Gift genommen oder sich durch einen Pistolenschuß ins Jenseits befördert hatte und anschließend halb verkohlte, das war ohne Belang.

Ganz andere Gedanken bewegten mich damals. Der furchtbare Krieg war zu Ende. Mit dem Sieg über den Faschismus mußte eine neue Epoche in der Geschichte anbrechen. So war meine Hoffnung, aber auch meine Gewißheit, obwohl es doch etwas anders kommen sollte. Daß kaum ein Jahr später der Kalte Krieg an die Stelle des bewährten Bündnisses der Antihitlerkoalition treten würde, kam mir nicht in den Sinn.

Nicht zuletzt war ich in Hochstimmung auch deshalb, weil ich nach zehn Jahren wieder in meine Geburtsstadt heimgekehrt war. Es war zwar nicht nur äußerlich ein so ganz anderes Berlin. Trotzdem erkannte ich die Stadt, auch manche ihrer Straßen, wieder. So fand ich am Abend des 2. Mai durch die Trümmer den Weg vom Potsdamer Platz nach Steglitz zu jenem unansehnlichen Mietshaus, in dem ich meine Kindheit verbracht hatte.

Hitlers Ende spielt in meinen Erinnerungen keine größere Rolle. Dies schon deshalb nicht, weil sich der »Gröfaz« (»der größte Feldherr aller Zeiten«) nach meiner Auffassung bereits lange vor dem 30. April 1945 durch seine ganze Politik und den Befreiungskampf der bedrohten Völker ins Aus gestellt hatte. Eine Rückkehr ins »normale Leben« war undenkbar.

Davon war ich bereits am 22. Juni 1941 überzeugt. Ich hatte keinen Zweifel, daß die Sowjetunion und ihre Armee die faschistischen Aggressoren besiegen würden. Die Wiederherstellung des Friedens und die dazu notwendige Niederschlagung der Hitlerdiktatur erwiesen sich jedoch als viel schwerer, opferreicher und länger, als ich vermutete und hoffte.

Deshalb ging mir im Mai 1945 auch die Frage durch den Kopf, warum Hitler und die Führung der Wehrmacht den Krieg selbst auf deutschem Boden noch so unerbittlich fortsetzten, obwohl gerade sie wissen mußten, daß die Niederlage nicht mehr abzuwenden war.

Restlos beantworten konnte ich mir diese Frage nicht.

In mancher Hinsicht aber dürften meine damaligen Erkenntnisse präziser gewesen sein als heutige Darstellungen es mitunter sind. Ich denke dabei auch an Filme wie »Der Untergang«, der zwar recht anschaulich die Agonie in der Reichskanzlei schildert, aber dennoch keine Antwort auf die zentrale Frage bietet, warum die nationale Katastrophe ein solches Ausmaß annehmen mußte. Überdies leistet der Film dem berüchtigten Mythos von der Alleinschuld Hitlers merklich Vorschub.

Die von der politischen wie der militärischen Führung und nicht weniger vom Großkapital erstrebte »Neuordnung Europas« unter deutscher Vorherrschaft, die den Weg zur uneingeschränkten Welthegemonie bereiten sollte, hatte sich längst erledigt. Seit Stalingrad, noch mehr nach den folgenden Großoffensiven der Sowjetarmee und schließlich nach der Eröffnung der zweiten Front 1944 glaubten nur noch wenige an einen »Endsieg«.

Warum trotzdem die Fortsetzung dieses sinnlosen Widerstands gegen einen nicht mehr zu verhindernden Zusammenbruch?

Das letzte Kriegsjahr forderte sogar insgesamt mehr deutsche Opfer als die Zeit davor – unter Soldaten, unter Offizieren und vor allem unter der Zivilbevölkerung. Ich gewann jedoch nicht den Eindruck, daß die Fortsetzung des Krieges nur unter Zwang und Terror erfolgte.

Aus Befehlen, die erbeutet wurden, noch mehr aus Zeugnissen von kriegsgefangenen Soldaten und Offizieren, ging lediglich hervor, daß sich die Kriegsziele änderten. Diese Kurskorrektur fand Ausdruck auch in den Verhandlungen, die General Krebs als letzter Chef des deutschen Generalstabs im Auftrag von Goebbels am 30. April und 1. Mai 1945 mit dem Oberbefehlshaber der 8. Gardearmee führen wollte. Als Zeitzeuge erfaßte ich damals nicht den Sinn seines merkwürdigen Ersuchens, ein Abkommen über die Beendigung des Krieges mit »Reichskanzler« Goebbels abzuschließen und darüber unbedingt Großadmiral Dönitz, den neuen Reichspräsidenten, zu informieren.

Den Kontext sah ich erst später. Es ging eindeutig darum, einen Keil zwischen die Verbündeten der Antihitlerkoalition zu treiben. Vorgetäuschte Verhandlungen mit Vertretern der Sowjetunion sollten Dönitz einen einseitigen Waffenstillstand an der Westfront oder sogar einen Frontwechsel ermöglichen.

Das war nicht nur ein abenteuerliches und zudem völlig aussichtsloses Unterfangen, da niemand zu einem Separatfrieden mit der Führung des Aggressors bereit war. Trotzdem glaubten einige Phantasten in der deutschen Führung: Wenn schon nicht allein, dann in einem neuen Sonderpakt – und sei es zunächst auch nur als Juniorpartner – könne man an der »Rettung« der restlos verspielten Beute teilhaben. Bemühungen in dieser Richtung gab es seit Monaten – sowohl von einflußreichen Wirtschaftsführern als auch von leitenden Diplomaten und hochrangigen Generalen, darunter selbst aus dem Oberkommando der Wehrmacht. Vielleicht würde es doch noch gelingen, sich als Bollwerk des christlichen Abendlandes gegen den asiatisch-bolschewistischen Todfeind zu empfehlen?

Diese aberwitzige Überlegung erforderte, mit aller Kraft die Ostfront zu halten. Dafür hatte man Hunderttausende Tote auf deutscher Seite einkalkuliert. Die Umsetzung dieser Überlegung erfolgte, wie heute nachgewiesen ist, nicht gegen, sondern mit der Zustimmung Hitlers, wenngleich fast jeder Beteiligte dabei sein eigenes Süppchen zu kochen versuchte, um die eigene Haut zu retten.

Vieles wurde damals nicht bekannt, wenn auch einige Kontakte und Aktionen durchsickerten. Heute sind Akteure, Intentionen und Vorgänge bekannt und alles dokumentarisch belegt.

Die Treue zu Hitler und – damit verbunden – eine blinde und zugleich den eigenen Vorteil berechnende Gefolgschaft existierte bis zur letzten Stunde. Selbst nach dem Anschlag vom 20. Juli 1944, dazu in Kenntnis der Tatsache, daß Hitler durch seine verbrecherische Politik für keinen ausländischen Staat ein Verhandlungspartner sein konnte, änderte sich daran nichts bis wenig. Um jeden Preis sollte die Reichshauptstadt gehalten werden. Dazu klammerte man sich noch immer an Hitler und seine angeblich ungebrochene Binde- und Ausstrahlungskraft für die Fortsetzung des Krieges.

Der Tod von US-Präsident Roosevelt nährte bei Hitler wie bei anderen die Illusion vom Pakt mit dem Westen. In einem Tagesbefehl an die Soldaten der deutschen Ostfront, in dem Hitler zu Standhaftigkeit und Fanatismus aufrief, kündigte er nach dem Tod von Roosevelt, den er als schlimmsten Kriegsverbrecher diffamierte, ausdrücklich die Möglichkeit einer Wende des Krieges an. »Berlin bleibt deutsch, Wien wird wieder deutsch und Europa wird niemals russisch!«

General Hans Krebs und Martin Bormann, de facto Hitlers Stellvertreter, verfaßten noch am 28. April eine Anweisung an General Wenck, der sich von der Elbe mit seiner 12. Armee nach Berlin durchschlagen sollte. Darin betonten sie, daß die Reichshauptstadt unbedingt zu halten sei, damit Hitler die Fortsetzung des Widerstands als Karte im Poker um angestrebte Verhandlungen für einen

Frontwechsel ziehen könne. Ähnliche Bestrebungen gingen vom Chef des Oberkommandos der Wehrmacht (OKW), Generalfeldmarschall Wilhelm Keitel, aus.

Selbst nach dem Fall von Berlin wies Großadmiral Karl Dönitz die an der Ostfront stehenden Truppen, darunter die Heeresgruppe von Generalfeldmarschall Ferdinand Schörner auf dem Gebiet der Tschechoslowakei, an, auf keinen Fall die Kampfhandlungen gegen die vorrückende Rote Armee einzustellen.

Auch das entsprach dem Vabanquespiel Hitlers. Selbst angesichts der unmittelbar bevorstehenden Niederlage hegte er Hoffnung auf eine wundersame Wende. Von Berlin aus, gestützt auf eine weit über eine Millionen Mann zählende Gruppierung im Osten, glaubte der Hasardeur Hitler, die westlichen Alliierten der Antihitlerkoalition zum Partnerwechsel bewegen zu können.

Die Generalität folgte ihm dabei.

Welch gefährliche Rolle der Mythos Hitler in den letzten Kriegswochen spielte, erkannte ich erst später. Er war durchaus keine Marionette, wenn er auch durch jene 1933 an die Spitze des deutschen Staates gestellt worden war, die von ihm die Erfüllung ihrer imperialen Bestrebungen erwarteten. Hitler war der Mann des großen Kapitals, aber nicht dessen Knecht. Er versprach Maximal-Profite, aber nicht, daß er an der Leine lief. Völlig zu Recht hieß das Bündnis von UdSSR, USA und Großbritannien, dem sich in der Folgezeit viele andere Staaten anschlossen, Antihitlerkoalition. Weltweit sprach man von Hitlerdeutschland. Das dort herrschende politische System hieß Hitlerfaschismus, womit auf dessen besondere Brutalität und Aggressivität verwiesen werden sollte. Den demagogischen Begriff »Nationalsozialismus«, den die Nazis für ihr Regime erfanden, benutzte, zumindest bis 1945, niemand außerhalb Deutschlands. Insofern mutet es reichlich merkwürdig an, wenn heute in der Bundesrepublik der treffende Begriff Faschismus kaum noch verwandt wird und dafür, fast offiziell, ausschließlich die Erfindung der Nazis gebraucht wird: Nationalsozialismus. Und um selbst das noch zu verharmlosen, setzt man am liebsten das Kürzel »NS-Zeit«.

Das nenne ich bewußte Manipulation der öffentlichen Meinung; es leugnet Geschichte und bagatellisiert die Verbrechen der Nazis.

Hitler war nicht der einzige Hauptkriegsverbrecher. Gleichwohl blieb er – selbst kurzzeitig über seinen Tod hinaus – die Schlüsselfigur der deutschen Politik.

Großadmiral Karl Dönitz gab am 1. Mai bekannt, daß er von Hitler testamentarisch zum Reichspräsidenten und Oberbefehlshaber aller deutschen Streitkräfte ernannt worden sei. Zugleich setzte er damit die Falschmeldung in Umlauf, der »Führer« sei an der Spitze seiner Truppen im Kampf gegen den Feind gefallen.

Als ich das hörte, wußte ich, daß er log. Ich war dabei, als Krebs vom Suizid gesprochen hatte. Und in Weidlings Befehl, den ich mehrfach laut und vernehmlich über Lautsprecher verlesen hatte, war ja unmißverständlich von Selbstmord die Rede.

Keine große Bedeutung maß ich auch einer Notiz in der »Prawda« bei. Zwar wurde darin der vom Reichsrundfunk ausgestrahlten Darstellung von Dönitz widersprochen, aber es hieß, daß sie einzig dazu diene, Hitlers Untertauchen zu vertuschen. Offenkundig wähnte man in Moskau Hitler noch unter den Lebenden. Ich erklärte mir diese Meldung damit, daß in der Redaktion die aktuellen Ereignisse in Berlin – wozu auch der Wortlaut von Weidlings Befehl gehörte – nicht bekannt seien. Ebenso wenig glaubte ich späteren Gerüchten, wonach Hitler angeblich aus Berlin habe fliehen können.

Verwunderlich war dagegen, daß von sowjetischer Seite keine offizielle Bestätigung von Hitlers Selbstmord kam. Es gab nicht einmal eine Meldung, daß er überhaupt tot sei.

Warum das so war, konnte man nur mutmaßen.

Ich meinte damals (wie die meisten wohl auch), daß es wichtigere Dinge gab, als das Ende dieses Verbrechers aufzuhellen.

Die Zeitungen berichteten mehr über die Verbrechen, die auf ihn zurückgingen. Verbunden war das mit einer notwendigen Aufklärung über das Wesen des Faschismus und seine Pläne, die er in die Tat umsetzte. Diese ideologische Aufklärung war sicher bedeutender und notwendiger als Berichte darüber, daß und wie man Hitlers Leiche identifiziert habe.

Was sich am Ende im Führerbunker unter der Reichskanzlei in Berlin abspielte, blieb darum lange ein Geheimnis.

Unmittelbar nach Kriegsende konnte ich nicht wissen, daß entsprechende Berichte aus Berlin direkt an Stalin gegangen waren und deshalb ohne seine Anweisung keine Verlautbarung erfolgen konnte. Selbst jene Offiziere, die 1945 mit der Identifizierung der Leiche von Hitler beauftragt worden waren, durften nicht das Geheimnis lüften, woran weltweit verständlicherweise ein außerordentlich großes Interesse bestand.

Dieser Geheimnistuerei maß ich jedoch keine allzu große Bedeutung bei. Für mich stand der Selbstmord von Hitler außer Zweifel. Er hatte zwar als der schlimmste Kriegsverbrecher den Verlauf des Jahrhunderts zweifellos auf seine Weise stark beeinflußt, doch überschätzen sollte man seine Rolle in der Geschichte nicht. Erst viel später stellte auch ich mir die Frage, warum der so überzeugende Bericht der Untersuchungskommission, an der Jelena Rshewskaj, hochqualifizierte Mediziner und Juristen beteiligt waren, offiziell nicht bestätigt wurde.

Die Verantwortung dafür konnte nur Stalin getragen haben, denn ohne seine Zustimmung, genauer gesagt: ohne seine ausdrückliche Anweisung war damals die Verlautbarung eines an ihn persönlich gerichteten Berichts, noch dazu eines mit der höchsten Geheimstufe, nicht möglich. Wenn ich die Situation im Kreml richtig einschätze, dürfte es niemand gewagt haben, ihm die Entscheidung abzunehmen oder ihr durch einen Antrag gar vorzugreifen.

Stalins Motive kann heute wohl niemand benennen. Stalin war dafür bekannt, daß er alle Informationen, die bei ihm eingingen, mit übertriebenem Mißtrauen zur Kenntnis nahm. So oder so war er wohl nicht davon überzeugt, daß Hitler wirklich die politische Bühne verlassen hatte. Möglicherweise schloß er es nicht aus, daß ein Doppelgänger von Hitler noch auftauchte und sich dieser Umstand in irgendeiner Weise auf die politische Haltung ob in Deutschland oder auch in anderen Staaten auswirken könnte. Ein Interesse daran konnte Stalin kaum haben. Eher fürchtete er eine solche Entwicklung. Zu jenem Zeitpunkt hätte dann die Veröffentlichung des Schlußberichts der Untersuchungskommission eine sensationelle Bedeutung besessen. Doch es verging viel Zeit, andere Probleme rückten in den Mittelpunkt. Der Bericht blieb intern. Allmählich hätte es nunmehr niemand verstanden, warum mit seiner Veröffentlichung derart lange gezögert worden war. Soweit meine Überlegungen. Es sind sicher auch andere Erklärungen denkbar. Eine unangreifbare Deutung gibt es bis heute nicht.

Auch Jelena Rshewskaja trat erst nach zwei Jahrzehnten mit ihren Erinnerungen an die Öffentlichkeit.

Ihre Aufzeichnungen wirken dennoch direkt und unmittelbar, sie haben die ungefilterte Frische eines Tagebuchs. Das Mitgeteilte ist folglich nicht nur authentisch, sondern auch lebendig und darum überzeugend. Diese Anerkennung gilt im besonderen für die Wiedergabe von Zeitzeugen aus der damaligen Umgebung von Hitler, an deren Befragung sie als Dolmetscherin teilnahm. Später, wenn diese Personen eigene Memoiren verfaßten oder sich öffentlich erklärten, äußerten sie sich meist anders: Da paßten sie ihr Urteil oft dem aktuellen Zeitgeist an. Nach meinem Eindruck kranken daran die meisten Aussagen oder Berichte von Augenzeugen, die uns gegenwärtig in Dokumentationen und Publikationen vorgesetzt werden. Gewisse Erinnerungs- oder Deutungslücken, um es vorsichtig zu formulieren, sind nicht zu überhören und zu übersehen.

Schon deshalb besitzen diese unverfälschten Erinnerungen von Jelena Rshewskaja einen unschätzbaren Wert.

Nicht zu reden von der Tatsache, daß sie überzeugend nachweist, was einige noch immer bezweifeln: daß es inmitten des Chaos von

1945 mit einigem Geschick gelang, den Tod Hitlers eindeutig nachzuweisen und die näheren Umstände aufzuklären.*

Später hat die Autorin ihre Erinnerungen durch Hinweise auf einige archivarische Quellen und durch eine umfassende Beschrei-

---

* Zweifel am Suizid ausschließlich durch Gift wird bis auf den heutigen Tag genährt. Das Motiv ist klar: Hitler soll sich mindestens wie ein Soldat gerichtet haben. Der Historiker Joachim C. Fest beispielsweise, damals Mitherausgeber der *Frankfurter Allgemeinen Zeitung*, ist ein Exponent dieser These. In seiner umfänglichen Hitler-Biographie von 1973 gab er zu erkennen, daß er – ohne die Verfasserin namentlich zu erwähnen – die Darstellung von Jelena Rshewskaja zur Kenntnis genommen hatte, aber nicht bereit war, diese zu akzeptieren. Ihr wie auch anderen sowjetischen Autoren sagte er zwar korrekterweise nach, sie hätten die Auffassung vertreten, »Hitler habe sich durch Gift das Leben genommen. Die widersprüchliche Beweisführung jedoch, die einerseits alle Schußspuren in den aufgefundenen Schädelresten geleugnet, andererseits aber herauszufinden versucht hat, wer aus der Umgebung Hitlers den Auftrag erhalten habe, ihm den aus Sicherheitsgründen verlangten ›Gnadenschuß‹ zu geben, bestärkt die Vermutung einer politisch motivierten Selbstmordtheorie. Sie wirkt wie ein letzter Nachhall jener schon zu Lebzeiten immer wieder unternommenen Versuche, Hitler durch Geringschätzung zu widerlegen: als sträube sich das Denken, dem moralisch Verwerflichen Fähigkeiten und Kraft einzuräumen. Wie einst das Eiserne Kreuz, die politisch-taktische oder später die staatsmännische Begabung wurde ihm nun im nachhinein der Mut bestritten, den der offenbar schwerere Tod durch die Kugel verlangt.«

Nicht nur, daß damit offenkundig die Seriosität der sowjetischen Untersuchungen grundsätzlich in Zweifel gezogen wird. Fest schlägt bereits jene gefährliche Melodie an, welche seit einigen Jahren das Leitmotiv bei der deutschen Geschichtsrezeption ist: Hitler war ein begabter Staatsmann und besaß überragende Fähigkeiten sowie ausreichend Kraft, eine Waffe gegen sich selbst zu richten. Mit seiner Negation behauptet Fest also: Jene, die ihn dieserhalb zu Lebzeiten kritisierten, und die anderen, die ihn 1945 zur Strecke brachten, waren aus dem gleichen niederträchtigen Holze.

Insofern ist Fests salomonische Feststellung, es werde »sich eindeutig nicht mehr aufklären lassen«, was am 30. April 1945, kurz vor halb vier Uhr geschah, nichts als ein Beitrag zur Mythenbildung. »Den Aussagen der meisten überlebenden Bunkerbewohner zufolge fiel ein einzelner Schuß. Kurz darauf betrat der Führer der SS-Wachmannschaft, Rattenhuber, den Raum. Hitler saß zusammengesunken und mit blutig verschmiertem Gesicht auf dem Sofa, neben ihm seine Frau, einen unbenutzten Revolver im Schoß; sie hatte Gift genommen.« So Joachim C. Fest. Doch er war weder dort noch bei Hitlers Obduktion dabei. Und mit Zeugen hat er zeitnah auch nicht gesprochen. Jelena Rshewskaja hingegen schon.

Bis heute sind Versuche nicht abgerissen, Belege für einen vermeintlich heldenhafteren Tod Hitlers zu finden – jüngst Schädelteile mit Schußlöchern. Die seriöse Forschung geht davon aus, daß es außer den Zähnen keine Überreste von Hitlers Leiche mehr gibt und geben kann.

bung ihrer Tätigkeit als Militärdolmetscherin beträchtlich erweitert. Die Urschrift blieb die beste, nicht nur weil sie kürzer war, sondern weil dort der Atem jener bewegenden Maitage von 1945 am stärksten spürbar ist. Diese Aufzeichnungen sind eine echte Primärquelle mit besonderer Bedeutung. Trotzdem möchte ich auf einige wichtige Aspekte hinweisen, die in späteren Überarbeitungen wie in Veröffentlichungen anderer Autoren hinzugetreten sind.

In Moskauer Archiven befinden sich der abschließende Bericht und weitere Dokumente, darunter die Befragung von Augenzeugen. Sie geben zusätzlichen Aufschluß über verschiedene Tatsachen, die Jelena Rshewskaja allenfalls erahnen konnte oder die ihr völlig verborgen blieben. So ist jetzt nachgewiesen, daß der Abschlußbericht über Auffindung, Untersuchung und damit definitive Identifizierung der Leichen von Hitler und Goebbels wortwörtlich an Stalin gegangen ist. Die Spionageabwehr SMERSCH (»Tod den Spionen«) der 1. Belorussischen Front hatte ihn als »Geheime Kommandosache« an die übergeordnete zentrale Leitung nach Moskau gesandt.

Generaloberst Serow, dem als Stellvertreter von Marschall Shukow auch die Spionageabwehr der 1. Belorussischen Front unmittelbar unterstand, übermittelte zusätzlich die Bestätigung des Selbstmordes von Hitler an Berija, den Volkskommissar des Innern (NKWD), dessen Stellvertreter er war.

Von Berija gingen alle Dokumente, auch die gerichtsmedizinischen Untersuchungen und die Zeugenaussagen (insgesamt etwa 200 Seiten Text) an Stalin.

Marschall Shukow, der sich in Berlin befand und Stellvertreter des Obersten Befehlshabers aller sowjetischen Streitkräfte – Stalin – war, erhielt den Bericht nicht. Ihm war lediglich am 1. Mai telefonisch übermittelt worden, daß General Krebs über den Selbstmord Hitlers informiert habe, eine offizielle Bestätigung oder gar Dokumente erhielt Shukow nie.

Mehr noch: Stalin erkundigte sich einen Monat später bei ihm nach Hitler – verschwieg aber, daß ihm bereits der Abschlußbericht der Spionageabwehr vorlag, an dessen Korrektheit keinerlei Zweifel bestehen konnte.

Auch auf der Potsdamer Konferenz im Sommer 1945 vermittelte Stalin gegenüber Truman und Churchill den Eindruck, daß Hitlers Schicksal noch immer nicht aufgeklärt sei.

Bis heute gibt es nur Mutmaßungen, warum die sowjetische Öffentlichkeit und damit die Welt über den Tod Hitlers von Moskau nicht informiert wurde.

Lew Besymenski, der sich um die Darstellung der Geschichte des Zweiten Weltkriegs wie insbesondere des deutschen Faschismus sehr verdient gemacht hat, weil er in verschiedenen sowjetischen Archiven – nicht zuletzt in den Beständen von Stalin – vieles entdeckte und publizierte, neigt zu einer Version, die mich nicht vollständig überzeugt. Aus seiner Sicht war Stalin darüber unzufrieden, daß Hitler nicht in Gefangenschaft geraten und deshalb nicht als der wichtigste Kriegsverbrecher verurteilt werden konnte. Selbst wenn dies zuträfe: Der einzige Grund für die Geheimniskrämerei dürfte es wohl kaum gewesen sein.

Objektiv wurde damit Raum gelassen bzw. erst geschaffen, daß diverse Mythen über die letzten Kriegstage und den Abtritt Hitlers von der politischen Bühne entstehen konnten. Und Legenden sind bekanntlich unsterblich.

Lew Besymenski hat in seinem 1995 veröffentlichten Buch mit dem Titel »Operation ›Mythos‹ oder Wie oft Hitler begraben wurde« weitere interessante Details publik gemacht. So wurden die Überreste von Hitlers Leiche nacheinander an acht Orten beigesetzt oder gelagert.

Die erste »Begräbnisstelle« befand sich im Garten der Reichskanzlei in einem Bombentrichter, wo am 30. April 1945 in Anwesenheit von Goebbels und Bormann Hitlers Leichnam verbrannt werden sollte, was bekanntlich nur unzureichend geschah.

Das zweite »Grab« war eine andere Stelle dortselbst, was aber auf einem Irrtum fußte: Am 5. Mai hatte man eine tote Person gefunden, die Hitler ähnelte, weshalb fälschlich angenommen wurde, dies sei der »Führer«.

Hitlers dritte »Ruhestätte« befand sich im Keller der Klinik in Berlin-Buch, wo der Leichnam zeitweilig zur medizinischen Identifizierung lag.

Die vierte war nördlich von Berlin in Finow, am neuen Standort der Spionageabwehr der 3. Stoßarmee. Dort wurde auch Hitlers Leiche verscharrt.

Sie wurde wieder exhumiert, als ein eigens aus Moskau angereister General Hitler und dessen Frau neuerlich zu untersuchen wünschte. Unweit von dieser Grabstelle wurden die beiden Leichname auch wieder vergraben: Nummer fünf.

Als der Stab der 3. Stoßarmee in die Nähe von Rathenow verlegt wurde, zogen die beiden mit und wurden dort erneut unter die Erde gebracht: Grab Nr. 6.

Die siebte »Beisetzung« erfolgte in Stendal, am neuen Standort des Stabs der 3. Stoßarmee.

Seit Februar 1946 lagen die Gebeine von Hitler in Magdeburg im Hof des Gebäudes in der Westendstraße 36 (später Klausenstraße). Im Haus war die Spionageabwehr der 3. Stoßarmee untergebracht worden. Also Grab Nr. 8.

1970 wurden das Objekt von der Sowjetarmee geräumt und der NVA übergeben. Im Wissen um das dort liegende Geheimnis schlug der Vorsitzende des KGB, Juri Andropow, der sowjetischen Partei- und Staatsführung vor, die Leichenreste völlig zu verbrennen. Er befürchtete nämlich, daß bei Bekanntwerden der Ort zu einer Wallfahrtsstätte werden könnte.

Breshnew als Generalsekretär des ZK des KPdSU, Ministerpräsident Kossygin und Podgorni, der Vorsitzende des Präsidiums des Obersten Sowjets, bestätigten den unter der Codebezeichnung »Archiv« vorgelegten Plan, in dem für die Ausführenden keine Namen genannt wurden. Am 5. April 1970 wurden die Überreste von insgesamt zehn Leichen – Hitler und Eva Braun, das Ehepaar Goebbels und deren sechs Kinder – unter strenger Geheimhaltung völlig verbrannt und deren Asche verweht.

Eine Verlautbarung gab es nicht.

Von Besymenski erschlossene archivalische Quellen geben auch darüber Aufschluß, daß 1946 von der Leitung der Sicherheitsorgane in Moskau eine zusätzliche Untersuchung angeregt worden war. Sie sollte mit dem Ziel geführt werden, die »Umstände aufzuklären, unter denen Hitler verschwunden sei«.

So heißt es wörtlich im Operationsplan, der wohl nicht ganz zufällig den Decknamen »Mythos« erhielt.

Augenzeugen aus den letzten Kriegstagen, die zur unmittelbaren Umgebung Hitlers gehörten und sich dann als Gefangene in Moskau befanden, sollten noch einmal intensiv befragt werden.

Die Absicht war eindeutig: Sie sollten bezeugen, daß nach ihrer Kenntnis Hitler keinen Selbstmord begangen und wahrscheinlich Berlin noch verlassen habe, mithin untergetaucht sei.

Vermutlich handelte es sich um eine Aktion, die im vorauseilenden Gehorsam von den Sicherheitsorganen eingeleitet wurde. Denn Stalin hatte ja zu erkennen gegeben, daß er nicht an Hitlers Ende glaube.

Doch für den war die Angelegenheit bereits abgeschlossen. Es gibt keinen Hinweis darauf, daß er daran interessiert gewesen war, den Fall Hitler bzw. die Untersuchung seines Endes neu aufzurollen.

Das dürfte auch verständlich sein. Das Hitlerrreich war zerschlagen, der Faschismus als Staatsform liquidiert – er stellte keine Gefahr mehr dar. Die neue Bedrohung ergab sich aus dem Zerfall der Antihitlerkoalition. Die Atombomben der USA auf Hiroshima und Nagasaki am 6. und 9. August 1945 zielten weniger auf den bereits geschlagenen Kriegsgegner Japan, sondern mehr auf die UdSSR. Diese hatte wegen ihres entscheidenen Beitrags an der Befreiung Europas vom Faschismus in der Welt Sympathie und Achtung erworben. Mit dem »atomaren Knüppel« wurde ihr zunächst nur gedroht. Schon bald sollte »der Kommunismus« nicht nur eingedämmt (»containment«), sondern zurückgerollt (»roll back«) werden. Großbritanniens Ex-Premier Churchill war der Meinung, man habe 1945 »das falsche Schwein geschlachtet« und erklärte darum der Sowjetunion den Kalten Krieg. Dieser sollte in den nächsten Jahrzehnten weltweit toben. Sein Ende (aufgrund des Zusammenbruchs der Sowjetunion) brachte jedoch keinen stabilen Frieden, nicht einmal ein höheres Sicherheitsgefühl. Heute wird von vielen Staaten der Krieg wieder als legales Mittel der Politik betrachtet, selbst Präventivkriege – wie etwa gegen den Irak – werden inzwischen wieder geführt.

Hitler aber ist und bleibt tot. Die Bewertung seiner Rolle in der Geschichte hängt nicht davon ab, wie er endete. Die deutsche Geschichte muß nicht umgeschrieben werden, nur weil bekannt ist, daß er – wie Jelena Rsheswskaja bezeugt – ausschließlich durch Gift starb. Er hat weder die Pistole gegen sich selbst gerichtet oder sich von einem anderen in den Kopf schießen lassen, damit es für die Nachwelt den Anschein hatte, er sei wie ein Mann »gefallen«. Nein, nicht einmal dazu war er fähig.

Trotzdem: Seine Untaten wie sein unrühmliches Ende dürfen nicht vergessen werden. Neuen Mythen, auch den scheinbar harmlosesten, muß der Boden entzogen werden. Schon deshalb, damit niemand falsche Schlüsse aus dem Zweiten Weltkrieg zieht. Und sei es auch nur zur Revision des Geschichtsbildes. Das gehört zu den gefährlichen Anfängen, gegen die wir uns wehren müssen. Denn der Schwur der Häftlinge von Buchenwald, den sie nach ihrer Befreiung leisteten, bleibt unverändert gültig: »Nie wieder Krieg! Nie wieder Faschismus!«

Stefan Doernberg,
Berlin im Dezember 2004

Der Weg nach Berlin

Hinter Birnbaum (Miedzychód) am Kontrollpunkt verkündet ein großer Torbogen: »Hier war Deutschlands Grenze«.

Fast vier Jahre benötigten wir, um bis an diese Stelle zu gelangen.

Felder ziehen vorüber, brachliegendes Bauernland, Wäldchen, wieder Felder, Mühlen am Horizont. Aus den heil gebliebenen Häusern hängen weiße Fahnen der Kapitulation. Eine kleine, halbzerstörte Stadt. Der Krieg ist weitergezogen, und hier, gedämpft, kaum spürbar, regte sich nun das Leben. An der Kreuzung, dem grauen Haus eines Dachdeckermeisters gegenüber, schreit auf dem Plakat ein Soldat im Wildlederpelz: »Gebt Feuer auf die Höhle des Raubtiers!«

Landsberg. Ein Opel ist aufs Trottoir geprallt. Die Räder fehlen. Jungen klettern auf ihm herum, an den Armen weiße Binden. Viele Einwohner sind zu sehen. Sie schleppen Lasten und schieben bepackte Kinderwagen vor sich her. Und alle, Erwachsene wie Kinder, tragen eine weiße Binde am linken Arm. Auf der unzerstörten Theaterstraße grüßt ein geschmückter Torbogen: »Herzlich willkommen.« Es ist ein Sammelpunkt für sowjetische Bürger.

An der Chaussee am Stadtrand gräbt ein älterer Mann im Garten. Wir halten an und gehen ins Haus. Die Hausfrau hat sich wohl an unsereinen gewöhnt. Sie bietet uns Kaffee an.

In diesem Häuschen, geduckt an der Straße des Krieges, blitzt die Küche vor Sauberkeit. Verschmitzt schürzt die Porzellanfigur auf dem Büfett ihre Fayenceröcke. Vor zweiunddreißig Jahren hat die Hausfrau diese lustige Nippesfigur zur Hochzeit geschenkt bekommen. Inzwischen tobten zwei schreckliche Kriege, aber das Figürchen mit dem Spruch »Kaffee und Bier, das lob' ich mir« auf der Schürze ist ganz geblieben. Wir verlassen das Haus.

Der Mann sät jetzt Blumen in die gelockerte Erde. Seit Jahr und Tag züchtet er sie, um sie zu verkaufen.

Schützenpanzerwagen fahren vorüber. Die Ketten klirren. Kinder mit weißen Lappen am Arm ziehen einander im Handwagen. Ein Kerlchen im sumpfgrünen Soldatenpullover befestigt ein Spatenblatt am Stiel.

Am Himmel hängt ein deutscher Aufklärer, ein Doppelrumpf. An einer Straßengabelung steht ein Wartehäuschen, errichtet für Soldaten, die auf Fahrzeuge gleichen Wegs warten, und auf dem ein Schild streng verordnet: »Für das Fahren auf der linken Straßenseite wird dem Fahrer der Führerschein entzogen.« Spaßig und rührend. Ein Hauch ungewohnten Lebens streicht von dieser Warnung herüber, eines Lebens mit sinnvollen Regeln einer anderen Welt: einer Welt ohne Krieg.

Vorbei geht es an einem Kavallerieregiment, das in einem Dorf an der Straße abgesattelt hat, vorüber an einer Panzerbrigade der Reserve des Kommandierenden. Wir fahren, Munitionswagen überholend, nach Küstrin, einer Stadt an der Oder, menschenleer, zerstört.

Unser Wagen sucht einen Weg, der aus der Stadt hinausführt, quält sich zwischen Trümmern hindurch, an verbogenen Stahlgestängen vorbei, über zersplitterte Dachziegel und hält schließlich auf dem Marktplatz. Der große Platz ist zum Friedhof geworden für die Häuser, die ihn einst umsäumten. Als finstere Steinbrocken drängen sie von allen Seiten heran. Der Wind verfängt sich in einem vom Dach abgerissenen Blech. Balken starren in die Luft, ächzen in der Windböe. Aus Mauerlöchern rieselt Putz.

Auf der Platzmitte steht, wie durch ein Wunder erhalten geblieben, ein Denkmal mit einem bronzenen Vogel obenauf.

Mein Gott, wie ist es hier öde! Und wie dumm dieser Vogel, sinnlos, anmaßend, einsam und allein in der Steinwüste.

Und wieder rollen wir über die Chaussee, wieder Felder und Wäldchen. Am Horizont stehen Mühlen. Übers Feld hetzen hungrige, verwilderte Schweine.

Der Abend dämmert, der Verkehr auf der Chaussee wird stärker. Schwimmwagen kommen in Bewegung, Selbstfahrlafetten, ein Pferdetroß, Infanterie auf LKW und zu Fuß. Auf Geschützrohren, Panzertürmen und Wagen leuchten Schriftzeichen: »Berlin wird fallen.«

Es ist schon finster, aber der Verkehr wird immer lebhafter. Wir fahren langsamer, ohne Licht, geraten in einen Stau. Flak schießt. Über Feldwege rollen Kanonen und Panzer auf die Chaussee. Infanterie marschiert. Die Autos fahren in mehreren Reihen nebeneinander, ruckeln über Brachland auf beiden Seiten der Straße. Und alles kreischt, dröhnt, hupt verzweifelt, schlägt auf die Pferde ein, drängt, die Vorderen zu überholen.

Nacht in Berlin

Die Innenstadt von Berlin brennt, riesige Flammenzungen lodern am Himmel. Sie beleuchten die vielstöckigen Häuser, und diese scheinen zum Greifen nahe. Dennoch sind sie noch kilometerweit entfernt. Grelle Scheinwerfer zerlegen den Himmel in Streifen. Dumpf und ohne Unterlaß grollt die Artillerie herüber.

Hier im Vorort spreizen uns Panzersperren ihre Stacheln entgegen. Doch unsere Panzer sind längst zum Zentrum durchgebrochen.

In dieser Nacht läßt sich Hitler im Bunker der Reichskanzlei trauen. Als ich später davon erfahre, muß ich an die ausgebrannten Häuser denken, an die einstürzenden Mauern, den Brandgeruch, die düster ragenden Panzersperren, die keinen mehr zu schützen vermochten, an das unerbittliche Dröhnen der Panzer, die sich in der Nacht den Weg ins Stadtinnere bahnten, zum Reichstag, zur Reichskanzlei ...

In einer Vorortstraße sitze ich auf einem leeren Kanister vor einem mit Brettern vernagelten Schaufenster; in Goldbuchstaben steht zu lesen: »Franz Schulz. Feinbäckerei«. Ich warte, daß der Stab uns ein Quartier zuweist. »Wir« – das ist die Gruppe des Obersten Gorbuschin, in der ich Militärdolmetscherin bin.

Die vorderste Linie zieht sich in dieser Nacht durch das Zentrum Berlins. Immer wieder blitzt das Mündungsfeuer der Artillerie auf. Der Himmel ist sternenübersät.

Ich erinnere mich an einen Flußübergang bei Smolensk im Jahre 1941. Die ausgehungerten Pferde weigerten sich, die Kanonen zu ziehen. Schließlich mußten die erschöpften Männer selbst in die Speichen greifen und die Geschütze unter dem Trommelfeuer des Gegners vorwärts stoßen. Auch an Iwan Iwanowitsch Sokolnikow muß ich denken, der dort unter Lebensgefahr seinen Dokumentarbericht drehte. Er arbeitete für die Filmillustrierte, gebrauchte aber einen Teil des ihm zugeteilten Films für das Archiv. So filmte er also den Flußübergang und die Kämpfer, die unter der Last der Geschütze schier zusammenbrachen.

Als einst Hochwasser vorgeschobene Truppen vom Nachschub abschnitt und den vorwärtsdrängenden Einheiten die Verpflegung ausging, hielt Sokolnikow für das Archiv fest, wie sich die von Flugzeugen abgeworfenen Zwiebacksäcke beim Aufprall vor den Augen der hungernden Kämpfer in Staubwolken auflösten. Und er filmte die anderen Säcke, die wohlbehalten zur Erde gelangten. Sie wurden auf Schleppen geladen. Hundegespanne, die gewöhnlich mit diesen Schleppen Verwundete vom Schlachtfeld zogen, zerrten die wertvolle Last in die vorderste Linie. Die Ohren schmerzten vom Gejaule der Hunde, doch was sollte man tun, andere Transportmittel kamen durch den Morast nicht hindurch.

Eine Szene blieb mir im Gedächtnis haften, die weder in die Filmillustrierte noch ins Filmarchiv gelangte. Im selben Frühjahr, nur ein wenig zeitiger, als der qualvolle Weg über tauschweren Schnee führte, saß auf flachem Pferdeschlitten ein Soldat. Sein Pferd stürzte. Der Fahrer schirrte ab, ohne es anzublicken, drehte die Gabeldeichsel zur Seite, hängte einen Kessel mit Schnee daran und entfachte ein kleines Feuer. Damals war strengster Befehl gegeben, die Pferde äußerst zu schonen. Aber diese arme Kreatur hier kam nicht wieder auf die Beine. Schon kochte gelbliches Wasser im Kessel. Das Pferd aber blickte traurig und schicksalergeben. Mit finsterer Geduld wartete der Fahrer. Ob er bis nach Berlin gekommen ist?

Wenn man doch alle herholen könnte, die die Qualen des Soldatenlebens auf sich genommen, Hunger gelitten, Kälte ertragen und Verwundungen überstanden hatten, wenn man die alle wiedererwecken könnte, die ihr Leben gegeben: Sie sollten sehen, mit welch drohender Stärke ihre Armee in die Höhle des Feindes gekommen ist.

Der Ring ist geschlossen

Seit drei Tagen schon ist Berlin eingeschlossen. In schweren Kämpfen haben die Truppen der 3. Stoßarmee von Generaloberst Kusnezow, der 5. Stoßarmee unter Generaloberst Bersarin und der 8. Gardearmee von Generaloberst Tschuikow die Verteidigungsstellungen der Stadtbezirke, eine nach der anderen, durchbrochen und sind zum Stadtzentrum vorgestoßen: Tiergarten, Unter den Linden, Regierungsviertel.

Schon hat der sowjetische Kommandant von Berlin, Generaloberst Bersarin, einen Befehl über die Auflösung der Nationalsozialistischen Partei erlassen und ihre Tätigkeit verboten. Nach seiner Anordnung erhalten die Bewohner der von der Roten Armee eroberten Straßen neue Lebensmittelkarten.

Unter brennenden, einstürzenden Häusern hausen die Berliner. Wasser ist knapp. Die spärlichen Lebensmittelvorräte gehen zur Neige.

Oben peitschen ununterbrochen die Schüsse, Granaten schlagen ein, Mauertrümmer fliegen durch die Luft, Brandgeruch und beißender Qualm erschweren das Atmen. Die Bevölkerung ist in einer verzweifelten Lage.

Unter diesen Umständen, da es am Ausgang des Kampfes keinen Zweifel mehr geben kann, ist jede Stunde, um die der sinnlose Kampf verlängert wird, ein Verbrechen.

Was aber planen die Faschisten?

Erst später, als alles schon hinter uns liegt, finden wir Antwort auf diese Frage.

Hitlers Adjutant, Sturmbannführer Günsche, der am 2. Mai in der Schultheißbrauerei in der Schönhauser Allee gefangengenommen werden wird, schrieb, am 22. April – einen Tag nachdem die ersten

Granaten in der Berliner Innenstadt einschlugen – habe sich um 16.30 Uhr unter Hitlers Leitung das Oberkommando der Wehrmacht (OKW) getroffen. »Der Führer beabsichtigte, die 9. Armee in nordwestlicher Richtung und die Armeegruppe des Generals der Waffen-SS Steiner* in südlicher Richtung angreifen zu lassen; damit wollte er die nach seiner Meinung schwachen russischen Kräfte, die durchgebrochen waren, zurückwerfen, mit unseren Hauptkräften Berlin erreichen und eine neue Front bilden. Die Front wäre etwa in folgender Linie verlaufen: von Stettin die Oder aufwärts bis Frankfurt und weiter in westlicher Richtung über Fürstenwalde, Zossen, Treuenbrietzen bis zur Elbe.

Das bedurfte folgender Voraussetzungen:

1. Die Front am Unterlauf der Oder mußte unbedingt gehalten werden.

2. Die Amerikaner mußten am Westufer der Elbe bleiben.

3. Die linke Flanke der 9. Armee, die an der Oder stand, durfte nicht zurückweichen.

Nachdem der Generalstabschef des Heeres, General der Artillerie Krebs, den Durchbruch starker russischer Kräfte an der Front südlich von Stettin meldete, mußte der Führer erkannt haben, daß solch eine Front jetzt nicht zu bilden war, und er legte dar, daß Mecklenburg ebenfalls in wenigen Tagen von russischen Kräften eingenommen sein würde. Trotzdem aber wurde der 9. und 12. Armee und der Armeegruppe Steiner der Angriff auf Berlin befohlen.«

Das sollte Günsche am sechsten Tag nach der Kapitulation niederschreiben, als seine Eindrücke noch frisch waren und er sich deutlich erinnern konnte: »Am 26.4.1945 brach die letzte Telefonverbindung Berlins zur Außenwelt ab.** Jetzt wurde die Verbindung nur noch über Funk aufrechterhalten, allerdings waren durch den pausenlosen Beschuß die Antennen beschädigt worden, genauer

---

* Die Armeegruppe Steiner griff bereits am 21. April in Richtung Berlin an.
** Karl Koller, der Generalstabschef der Luftwaffe, behauptet, er hätte noch am 27. April mit Greim telefoniert. Siehe Karl Koller, Der letzte Monat, München 1949, S. 60.

gesagt, sie fielen aus. Meldungen über die Bewegung oder den Verlauf des Angriffs der oben erwähnten Armeen kamen nur in begrenzter Zahl an, meist gelangten sie über Umwege nach Berlin. Am 28.4.45 meldete Generalfeldmarschall Keitel:

1. Die Offensive der 9. und der 12. Armee ist infolge einer starken Gegenoffensive der russischen Kräfte steckengeblieben, eine Weiterführung der Offensive ist nicht mehr möglich.

2. Die Armeegruppe des Generals der Waffen-SS Steiner ist bis jetzt noch nicht eingetroffen.

Da begriffen alle, daß das Schicksal Berlins entschieden war.«

Doch den eingeschlossenen deutschen Truppen werden auch weiterhin die Packen mit dem Goebbels Durchhalte-Blatt »Panzerbär« zugeteilt. Es lügt, hetzt, schmeichelt und droht.

Das »Kampfblatt für die Verteidiger von Groß-Berlin« schreibt noch am 27. April: »Bravo, ihr Berliner! ... Berlin bleibt deutsch! Der Führer hat es der Welt gesagt, und ihr Berliner sorgt dafür, daß sein Wort Wahrheit bleibt. Bravo, Berliner! Eure Haltung ist vorbildlich. Weiter so tapfer, weiter so verbissen, weiter so ohne Rücksicht und ohne Schonung – und dann zerbricht die bolschewistische Sturmflut an euch ... Haltet aus, Berliner, auch der Entsatz marschiert!«

Das Blatt fällt uns am 29. April in die Hände. Da sind wir schon in der Nähe des Potsdamer Platzes.

Der 29. April

Am Morgen erhalten wir die Anweisung, uns in den Raum zu begeben, von wo aus unsere Truppen in Richtung Potsdamer Platz vorstoßen.

Frühmorgens fahren wir mit unserem Geländewagen zuerst an einer, dann an einer zweiten Barrikade vorüber, dort, wo sie von Panzern beiseitegeschoben und zerquetscht worden waren. Der Wagen weicht Schienenstücken, Balken, verbogenen Geschützen aus und überquert einen Panzergraben, der mit Trümmern und leeren Fässern gefüllt ist. Die Häuser stehen dichter. Doch meist sind das keine Häuser mehr, sondern Mahnmale an die Kämpfe vor zwei Tagen: Die einen haben ganze Stockwerke verloren, von anderen ist nur eine rauchgeschwärzte Wand stehengeblieben, so als hätte sie das Einstürzen vergessen. Irgendwo haben sich die Panzer durch Sperren Bahn gebrochen, und nun drehen die Kraftwagen, die immer zahlreicher werden, auf die Kettenspur der Panzerstraße ein.

Smolensker, Kalininer und Rjasaner Mädchen in gutsitzenden Feldblusen regeln den Verkehr in den Straßen von Berlin.

Gruppen von Franzosen kommen uns entgegen. Sie haben ihre Siebensachen auf Handwagen verladen und diese mit der Trikolore geschmückt. So schlängeln sie sich über Berge von Ziegelbruch, über Schrott und zersplittertes Holz. Im Vorbeifahren winken wir uns zu.

Je näher wir der Stadtmitte kommen, desto stickiger wird es. Beißender Geruch dringt in meine Nase, rauchgeschwängert, staubige Luft legt sich auf die Lunge. Aufgewirbelter Staub aus den zermahlenen Häusern knirrscht auf den Zähnen.

Wir klettern durch Ruinen. Niemand löscht die Brände. Bäume, einst als Zierde des Hauses gedacht, klammern sich jetzt mit verkohlten Aststümpfen an qualmendes Mauerwerk.

Wir steigen aus einem Keller in den anderen, begegnen deutschen Familien. Immer wieder hören wir die Frage: »Wann ist es endlich vorbei?«

Sich nach dem Stadtplan zu orientieren ist schwer. Russische Wegweiser gibt es noch nicht, die deutschen liegen unter den Trümmern begraben. So holen wir uns Auskunft bei Menschen auf der Straße, die ihre Habseligkeiten irgendwohin schleppen.

Nachrichtenleute von uns tauchen in den Ruinen auf. Sie ziehen Drähte. Ein Pferdegespann mit Heu zuckelt vorüber, ein Gardesoldat knabbert an einem trockenen Halm. Ebensolche Halme liegen auf dem gewellten Berliner Asphalt verstreut. Da war wohl schon einmal ein Futterwagen ... Eine Gruppe MPi-Schützen zieht vorbei. Einer trägt den Kopf verbunden: nur nicht zurückbleiben, nicht ausfallen.

Aus Fensterhöhlen hängen weiße Laken.

Eine ältere Frau geht über die Straße, eine weithin sichtbare weiße Binde am Arm. Sie führt zwei Kinder an der Hand, einen Jungen und ein Mädchen. Auch die Kinder, mit sauber gescheiteltem Haar, tragen über dem Ellenbogen weiße Armbinden. Als sie an uns vorübergehen, sagt die Frau laut, damit wir sie hören können: »Es sind Waisen. Wir sind ausgebombt. Ich bringe sie an einen anderen Ort. Es sind Waisen. Wir sind ausgebombt ...«

Aus einem Torweg tritt ein Mann mit schwarzem Hut. Als er uns sieht, bleibt er stehen und streckt uns ein Päckchen in Pergamentpapier entgegen. Er wickelt eine vergilbte Schachtel aus, hebt den Deckel. Ich sehe nicht, ob darin ein Lippenstift oder irgendein Cremedöschen ist. »Original Coty, Fräulein Offizier. Tausche gegen ein Päckchen Tabak.«

Er steht noch eine Weile, schiebt das Päckchen dann wieder in die Tasche des langen Mantels und trottet davon.

Die Straßen sind menschenleer. Eine Litfaßsäule mit Anschlägen, Chiffongardinen winken wie weiße Hände aus einer Fensterhöhle, an einem Haus steht ein Bus mit Reklame auf dem Verdeck – ein riesiger Schuh aus Pappmaché –, an den Wänden Parolen. Ich lese die kategorische Versicherung, daß die Russen nicht nach Berlin kommen werden.

Der Kampflärm schwillt an, je näher wir dem Zentrum kommen. Wir können uns nur noch mit Mühe verständigen. Das Atmen fällt schwer. Jeder Schritt kann den Tod bringen. Man riecht es.

Der Rotarmist Kurkow, der uns entgegengeschickt worden ist, geht uns voran. Einst waren wir mit ihm bei Rshew wohlbehalten aus einem Kessel entronnen, durch eine Lücke, die sich mit furchtbarer Geschwindigkeit verengte. Von sich sagte Kurkow: »Ich bin auf Gold gewachsen.« Er erzählte gern von seiner Arbeit auf einem Goldfeld im Ural. Er schnitt dabei gern auf. Einmal sei eine neue Maschine gebracht worden, und um sie in Gang zu bringen, mußte einer die Spitze dieses Ungetüms erklimmen. Wer war dazu bereit? Natürlich Kurkow. »Ich steige also nach oben. Es ist sehr hoch, der Blick nach unten grausig. Und da steht meine Frau, kein Tropfen Blut im Gesicht.«

Mit seiner Frau prahlte Kurkow auch gern. Sie mochte kaum fünfzehn gewesen sein, als er sie nahm. Er stellte alles so dar, als wäre er zu Hause das leibhaftige Ungewitter. In Wirklichkeit schrieb er seiner Frau die zärtlichsten Briefe und kaufte ihr im Wojentorg, beim Militärhandel, bunte Bänder und Ansichtskarten. »Als meine Frau schwanger war«, erzählte er, »schämte sie sich, auf die Straße zu gehen. Sie war so jung. In der Stunde der Geburt aber faßte sie mich um den Hals, so stark, daß es knackte. Na, dachte ich, das wirst du schon aushalten, sie hat noch ganz anderes zu ertragen.«

Kurkow zeigte mir die Briefe, die er von seiner Frau aus dem Ural erhielt.

»Guten Abend, mein lieber Mann Nikolai Pawlowitsch. Ich sende Dir meinen herzlichen Gruß und wünsche Dir alles Gute in Deinem Leben und das Wichtigste, Erfolg im Kampf. Kolja, Deine lieben Töchter Galja und Ljuda lassen Dich grüßen.«

Die Frau schrieb an Kurkow gleichermaßen umständlich und

schlicht. Indem sie ihn vor allen Erschwernissen und Aufregungen abschirmte, offenbarte sie ihr treues und gutes Herz. Und wenn sie von Schwerem schrieb, dann so, als wäre es schon vorüber. »Kolja, unsere Ljuda war sehr krank, aber jetzt ist sie wieder gesund und munter.« Kein Stöhnen, kein Klagen, nicht einmal ein Seufzer.

»Kolja, die Zeit vergeht uns schnell. Zuerst haben wir Holz gehackt und dann den Gemüsegarten umgegraben.«

Wie dieser endeten fast alle Briefe mit den Worten: »Kolja, schreibe mehr. Wir bekommen selten Post. Wenn ein Brief kommt, freuen wir uns sehr und danken dafür. Kolja, auf Wiedersehen! Wir leben und bleiben gesund, was wir auch Dir wünschen. Wir küssen dich 99mal und auch noch einmal, aber Du bist so fern.«

Kurkow nimmt, nachdem er uns geführt hat, am Sturm auf die Reichskanzlei teil. Er dringt als einer der ersten in das Gebäude ein und wird von einem SS-Mann aus Hitlers Leibwache tödlich verwundet.

Das passiert, als auf dem Reichstag schon die rote Fahne weht.

Der Reichspräsident Hindenburg begrüßt die Spitzen der Nazipartei – symbolischer Akt der Machtübergabe an die Faschisten.

Goebbels

Symbol der Niederlage

Vorstoß auf den Reichstag (rechts)

Sowjetische Panzer auf den Straßen Berlins (rechts unten)

Die faschistische Führung trieb auch in den letzten Kriegstagen Tausende Soldaten in den sinnlosen Tod. Sowjetische Truppen unmittelbar vor Berlin (unten).

Der letzte Marsch führt in die Gefangenschaft.

Der letzte Auftrag

Auf Schildern, die die Marschrichtung weisen, auf Panzern, auf Geschossen und auf Geschützrohren lese ich: »Zum Reichstag!« Eine der verruchtesten Provokationen unserer Zeit ist mit diesem Ort verbunden: der Reichstagsbrand.

Den Reichstag nehmen, auf seiner Kuppel die rote Fahne hissen – das bedeutet, alle Welt wissen zu lassen vom Sieg über den Faschismus, über Hitler.

Am 29. April dringen die Truppen des Generals Kusnezow auf den Platz vor, hinter dem sich das 1933 von den Nazis angesteckte Parlamentsgebäude erhebt.

Aber jene, denen als letzte Aufgabe dieses Krieges der Befehl erteilt worden ist, Hitler zu fassen, schenken nicht dem Reichstag ihre Aufmerksamkeit, sondern dem Vorstoß der Truppen zur Wilhelmstraße. Dort liegt die Reichskanzlei.

Wir wissen nicht mit Bestimmtheit, daß sich Hitler mit seinem Stab im Bunker unter der Reichskanzlei befindet. Die Nachrichten sind dürftig, verworren und widerspruchsvoll. Am 23. April war im Rundfunk gemeldet worden, daß sich Hitler in Berlin aufhalte. Im »Panzerbär« vom 27. April standen ähnliche Hinweise.

Auf diese Mitteilungen können wir natürlich nicht bauen. Gefangene deutsche Soldaten schenken ihnen auch wenig Glauben. Einige von ihnen erklären, Hitler wäre nach Bayern oder sonstwohin geflogen, anderen wieder ist alles egal, auch die Frage nach Hitlers Aufenthalt. Sie sind betäubt und erschöpft vom Erlebten.

Eine »Zunge« wird gebracht, ein Kerlchen von fünfzehn Jahren mit geröteten Augen und aufgesprungenen Lippen. Er trägt die Uniform der Hitlerjugend. Soeben hat er noch erbittert gekämpft, nun aber sitzt er vor uns, blickt sich um, verwirrt, sogar ein wenig neugierig – ein Junge wie andere Jungen. Erstaunlich sind diese blitzartigen Wandlungen im Kriege.

Er teilt uns mit, daß seine Division Hitler verteidigen sollte. Das habe er von seinen Vorgesetzten gehört. Ständig sei ihnen gesagt worden, daß sie standhalten sollten, bis die Armee Wenck zum Entsatz käme.

Den ganzen 29. April übersetze ich bei den Verhören von Gefangenen. Die Vernehmungen erfolgen im Keller eines Hauses in der Nähe des Potsdamer Platzes. Hier leben ein Schneider und seine Familie. Auch eine Frau mit einem Jungen und ein Mädchen im Skianzug halten sich im Kellerraum auf.

Schlachtenlärm dringt nur gedämpft herein. Hin und wieder spüren wir Stöße wie bei einem Erdbeben.

Der Schneider, ein älterer Mann, erhebt sich kaum vom Stuhl. Ständig greift er nach seiner Taschenuhr, betrachtet sie eindringlich, und alle Augen folgen unwillkürlich seinen Bewegungen. Sein erwachsener Sohn ist gelähmt, spinale Kinderlähmung, er sitzt seinem Vater zu Füßen, den Kopf an dessen Knie gelehnt. Seine ältere Schwester schläft entweder oder läuft nervös umher: Ihr Gatte, ein Volkssturmmann, ist oben in den Straßen Berlins. Von diesen verwirrten, erschöpften Menschen ist nur die Mutter ständig beschäftigt, sie erfüllt ihre Mutterpflichten, die weder Krieg noch Todesfurcht kennen. Zur gewohnten Stunde breitet sie auf ihren Knien eine Serviette aus und legt winzige Marmeladenschnitten darauf.

Die junge Frau, der ernst blickende magere Knabe und das Mädchen im Skianzug sind aus einem anderen Keller geflüchtet und sind deshalb darauf bedacht, möglichst wenig Platz einzunehmen. Von Zeit zu Zeit leiert die Frau ihre Geschichte herunter: Sie ist die Frau eines Feuerwehrmannes, der zur Front einberufen worden war. Zwei Jahre schon wartet sie auf den Urlaub ihres Mannes. Und was er dann alles erledigen sollte. Eine ganze Liste hatte sie zusammengestellt. Eine Türklinke mußte ausgewechselt, Riegel repariert und noch vieles andere getan werden. Doch nun ist ihr Haus abgebrannt.

Der Junge kraust schmerzlich die Stirn. Es fällt ihm sichtlich schwer, zum wiederholten Mal Mutters Schmerz anzuhören.

Das Mädchen trägt grobe Schuhe und einen Rucksack auf dem Rücken. Sie kann sich nicht entschließen, ihn abzulegen. Keiner fragt sie, wer sie ist und woher sie kommt. Jeder hat mit sich zu tun.

Hier hocken auch die Gefangenen und warten darauf, daß sie von uns verhört werden.

Ein älterer deutscher Leutnant beschwert sich leise wie vorwurfsvoll bei mir: »Den halben Tag sitze ich nun mit irgendwelchen Zivilisten zusammen.«

»Das läßt sich nicht ändern.«

»Oh, nein, bitte.« Er macht einen Rückzieher. »Wenn das ordentliche Leute sind, habe ich nichts einzuwenden.«

Wir aber wollen nur eines von ihm wissen: Wo ist Hitler?

Er kann darauf nicht antworten, aber er will reden. Dabei erhebt er sich vom Stuhl, nimmt Haltung an und beginnt zu schwadronieren: »Unser Feind Nummer eins war England, der Feind Nummer zwei Rußland. Um England zu besiegen, mußten wir zuerst mit Rußland Schluß machen ...«

Seine Stimme bricht, es fällt ihm schwer weiterzusprechen.

»Mein Gott!« sagt er und vergräbt sein Antlitz in den Händen.

Ein Bergarbeiter aus Elsaß-Lothringen, der sich gefangengegeben hat, bittet uns finster, ihm eine Waffe zu geben. »Wenn es auch in den letzten Stunden ist. Für alles!« Dabei schiebt er seinen Ärmel zurück und zeigt seine Tätowierung, das Lothringer Kreuz. Jenes Doppelkreuz, das die französische Exil-Regierung als Zeichen des Widerstandes gegen Hitler gewählt hatte.

Unsere Informationen sind karg. Faßt man sie aber zusammen und zieht man die deutsche Verteidigungslinie um die Reichskanzlei in Betracht, dann können wir annehmen: Dort ist Hitler!

Am Abend des 29. April wird eine Krankenschwester festgehalten. Sie kam durch die Feuerlinie, um ihre Mutter zu suchen. Im Gespräch zieht sie ihre weiße Haube aus der Tasche, vielleicht mechanisch, vielleicht auch vom Wunsche geleitet, daß sie das rote Kreuz auf der Haube schützen möge. Während des Krieges brauchte nur irgendwo ein rotes Kreuz aufzutauchen, schon wurde das Objekt von den Faschisten erbarmungslos bombardiert.

Am Abend zuvor habe sie, so erzählt uns die Krankenschwester, Verwundete von der Voßstraße in die einzige sichere Unterkunft der Umgebung gebracht: den Luftschutzbunker der Reichskanzlei. Von den Soldaten und vom Personal habe sie gehört, daß sich der Führer in der unterirdischen Anlage befände.

Den ganzen Tag war um den Reichstag gekämpft worden. Auf den Reichstag richtet sich auch das Interesse der Moskauer Zeitungen und der Frontpresse. Die Berliner Garnison und die Truppen, die von der Oder zurückgeflutet sind, konzentrieren sich hier zu einem sinnlosen Kampf.

Wie hat sich die deutsche Front verändert: Jetzt umschließt sie die Reichskanzlei, die letzte Zuflucht des Faschismus. Am 30. April ergeht der Befehl an die Sturmtruppen: Feuer aus allen Rohren!

Es schießen die schweren Haubitzen, Selbstfahrlafetten, Panzer, Maschinengewehre, Maschinenpistolen. Es brüllen die Geschütze auf, die schon an der Wolga gefeuert hatten. Sie zahlen heim für alle und für alles, heulen dem Faschismus den Abgesang. Dann verstummt die Artillerie, und die Soldaten erheben sich zum letzten Sturm.

In der Nacht zum 1. Mai erscheint im Abschnitt der 8. Gardearmee ein deutscher Parlamentär. Er teilt mit, daß der Generalstabschef des Heeres, General Krebs, um die Möglichkeit ersucht, mit dem sowjetischen Oberkommando zu verhandeln.

Krebs wird zu Generaloberst Tschuikow in den Schulenburgring geleitet.

Krebs informiert über Hitlers Tod und bittet um einen Waffenstillstand, damit die neue Reichsregierung Dönitz zusammentreten und sich mit der Sowjetregierung in Verbindung setzen könne.

Tschuikow lehnt Verhandlungen ab und erklärt, daß gemäß den

Abmachungen mit den Alliierten nur von einer Kapitulation die Rede sein könne.

Die Erklärung von Krebs, daß »der Führer« nicht mehr sei, ändert nichts an unserer Aufgabe. Wir sollen Hitler finden – lebend oder tot.

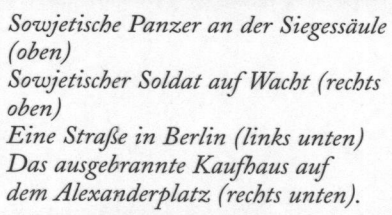

Sowjetische Panzer an der Siegessäule (oben)
Sowjetischer Soldat auf Wacht (rechts oben)
Eine Straße in Berlin (links unten)
Das ausgebrannte Kaufhaus auf dem Alexanderplatz (rechts unten).

Der 2. Mai

Das Hauptquartier Hitlers ist in einem Luftschutzbunker unter der Reichskanzlei untergebracht. Im Bunker gibt es mehr als fünfzig Zimmer, in der Regel sind das zellenartige Räume. Zudem existieren eine große Nachrichtenzentrale, Lebensmitteldepots und eine Küche. Dem Bunker schließt sich eine unterirdische Garage an. Vom Innenhof der Reichskanzlei gelangt man unter die Erde, und auch vom Vestibül führt eine ziemlich breite und flache Treppe hinunter.

Von dieser Treppe kommt man in einen langen Korridor mit vielen Türen. Um Hitlers Räume zu erreichen, muß man einen verhältnismäßig langen und umständlichen Weg zurücklegen.

Der Weg über den Innenhof ist kürzer. Hier geht der Weg direkt in den »Führerbunker«, wie er genannt wird.

Der zweistöckige Führerbunker liegt tiefer als der Bunker unter der Reichskanzlei, und die Decke aus Stahlbeton ist viel dicker. (Der Chef des Führerschutzkommandos, Rattenhuber, skizzierte später als Gefangener in der Sowjetunion den Bunker. Er behauptete zudem: Hitlers neuer Luftschutzbunker sei der sicherste gewesen, der in Deutschland gebaut worden war. Die Betondecke war acht Meter dick.)

Am Bunkereingang steht ein Betonmischer, vor kurzem noch war die Decke des Bunkers nach Volltreffern der Artillerie verstärkt und ausgebessert worden.

Sturmgruppen schlagen schließlich eine Bresche in den letzten Abwehrgürtel um die Reichskanzlei und dringen in das Gebäude ein. Im Vestibül kommt es zum Schußwechsel mit den Resten der Wache, die bereits auseinandergelaufen sind.

Dann geht es nach unten.

Aus den Korridoren, aus den unterirdischen Zellen treten Uniformierte und Zivilisten mit erhobenen Händen. Verwundete liegen oder sitzen in den Gängen. Sie stöhnen, reagieren aber kaum auf unsere Soldaten.

Nur ab und an fällt ein Schuß oder rattert eine MPi.

Die Soldaten sind ohne Orientierung. Sie wenden sich dahin und dorthin und sind immer auf der Hut vor Gegenwehr.

Alle Bunkerausgänge müssen gefunden und besetzt werden.

Wo ist Hitler?

Die Suche beginnt.

Es ist nicht einfach, in dieser bunt zusammengewürfelten Menge unter der Erde jene herauszufinden, die am besten über den Verbleib Hitlers Bescheid wissen und uns durch das unterirdische Labyrinth führen können.

Erste flüchtige Verhöre.

Ein Heizer wird gefunden, ein unansehnlicher Zivilist. Mit ihm laufen Major Boris Alexandrowitsch Bystrow und Oberstleutnant Iwan Issajewitsch Klimenko durch dunkle Korridore und Quergänge voran, immer gewärtig, daß ihnen Feuer entgegenschlägt oder Sprengladungen detonieren. Nichts dergleichen. Schließlich finden sie das Loch.

Hitlers Behausung ist leer. An der Wand hängt das Porträt Friedrichs II., im Schrank ein Uniformrock, auf einer Stuhllehne ein zweiter, feldgrauer.

Der kleine Heizer erklärt, er sei im Korridor gewesen, als aus diesen Räumen, in graue Decken gehüllt, zwei Leichen getragen und über den Gang ins Freie geschleppt worden wären.

Das halten die beiden Offiziere für sehr unwahrscheinlich.

Klimenko und Bystrow steigen hinauf und treten hinaus in den von Einschlägen zerwühlten Garten der Kanzlei.

Wenn der Heizer sich nicht getäuscht hat, müssen die Leichen hier irgendwo verbrannt worden sein? Aber wo? Die Stelle muß gefunden werden.

Zu Beginn unserer Suche nach Hitler waren wir im Bunker auf

einen kräftigen Mann gestoßen. Bei dem etwa Vierzigjährigen handelt es sich um den Garagenwart der Reichskanzlei. Er heißt Schneider und erzählt, daß ihn der Telefonist aus Hitlers Sekretariat am 28. oder 29. April, so genau wisse er das nicht mehr, aufgefordert habe, alle Benzinvorräte zum Führerbunker zu bringen. Er habe acht Kanister mit jeweils zwanzig Litern hinbringen lassen. Am gleichen Tag, es sei schon Nacht gewesen, habe er vom diensthabenden Telefonisten die Anweisung erhalten, Brandfackeln zu schicken. Auch die ließ er hinbringen.

Schneider selbst will Hitler nicht gesehen haben, er kann nicht einmal bestätigen, ob dieser überhaupt in Berlin weilte. Doch am 1. Mai habe er vom Leiter der Garage und Chauffeur Hitlers, Erich Kempka, gehört, daß Hitler tot sei.

Unter den Soldaten seiner Leibwache habe es geheißen, der Führer habe Selbstmord begangen, die Leiche sei verbrannt worden.

Aus diesen Gerüchten und den Anweisungen, die er erhalten hatte, schließt Karl Schneider uns gegenüber, daß das Benzin für die Einäscherung der Leiche Hitlers benötigt wurde.

Am Abend des 1. Mai habe ihn der diensthabende Telefonist erneut angerufen. Wieder sei er aufgefordert worden, alles noch vorhandene Benzin im Führerbunker abzuliefern. Er habe die Tanks der Autos geleert, es wurden nur noch vier Kanister voll.

Was steckte hinter diesem Anruf, fragten wir ihn und uns. Wofür war dieses Benzin bestimmt – wenn die anderen Kanister für Hitler gebraucht worden waren?

Gemeinsam mit Schneider und Hitlers Koch Lange suchen Major Bystrow und Oberstleutnant Klimenko den Garten ab. Major Chasin ist hinzugekommen. Oberstleutnant Klimenko ist ein Mann von 31 Jahren und Berufsoffizier. Major Chasin kenne ich nicht. Major Bystrow ist Biologe und Kandidat der Wissenschaften, er kommt aus Sibirien.

Unzählige Geschosse haben die Erde zerwühlt und die Bäume verstümmelt. Wir treten auf verkohlte Zweige, schreiten über rußgeschwärzten Rasen. Überall liegen Glassplitter, zerbrochene Ziegel. Wo ist die Stelle, von der man mit Sicherheit sagen kann, hier und nur hier hat eine Verbrennung stattgefunden?

Wir sehen uns überall um. Wenige Meter vor dem Eingang zum Führerbunker entdecken wir halbverkohlte Leichen. Es sind die von Goebbels und seiner Frau.

Deshalb also war zum zweiten Mal Benzin verlangt worden.

Rauch steigt aus dem Gebäude der Reichskanzlei. Die Ventilatoren unter der Erde stehen still, es ist schwül, feucht und finster.

Ich beginne im Bunker der Reichskanzlei Schriftstücke und Dokumente zu sichten.

Ich finde Meldungen von den Straßenkämpfen, Berichte der Naziparteileitung Berlins über die hoffnungslose Lage, über Mangel an Munition, über Zersetzungserscheinungen unter den Soldaten, aber auch Bormanns Briefwechsel und persönliche Papiere von Hitler.

Vor allem suche ich jedoch nach Hinweisen, die Licht in die Vorgänge der letzten Tage im Bunker bringen können. Irgendeinen Fingerzeig oder eine Spur, die uns das Ende enträtselt.

Martin Bormann, als Leiter der Parteikanzlei praktisch Hitlers Stellvertreter, hatte an seinen Adjutanten Dr. Hummel in Obersalzberg ein Telegramm nach dem anderen gesandt. Sie trugen den Stempel »Geheim«. Alle waren nach dem 20. April datiert. Ihnen entnehme ich, daß die Verlegung des Führerhauptquartiers nach Berchtesgaden vorbereitet wurde: Sie wollten also aus Berlin ausbrechen.

Ich sichte eine Mappe mit ausländischen Rundfunkmeldungen aus den letzten Apriltagen, Informationen der Agentur Reuter aus dem Hauptquartier der Alliierten, Sendungen aus Moskau über das Kriegsgeschehen an den Fronten, Telegrammen über Ereignisse in der Welt, aus London, Rom, San Francisco, Washington, Zürich.

Diese Quellen benutzte man im Hauptquartier Hitlers, um eine

Vorstellung davon zu bekommen, was an den anderen Frontabschnitten und in Berlin selbst geschah. Die Verbindung mit den Truppen scheint zu jener Zeit endgültig verlorengegangen zu sein.

Alle Schriftstücke in der Mappe sind auf einer Maschine mit sehr großen Buchstaben geschrieben worden. Nie zuvor habe ich eine so seltsame Schrift gesehen. Ich bin verblüfft. Als blicke man durch eine Lupe. Wozu das? Später erfahre ich, daß Gertrud Junge, die Sekretärin Hitlers, alle Schriftstücke für ihn auf einer besonderen Maschine abschrieb. Aus Eitelkeit wollte Hitler keine Brille tragen.

Ich stoße auf die Nachricht eines ausländischen Senders von der Hinrichtung Mussolinis und seiner Geliebten Clara Petacci in Mailand. Mit Bleistift hat Hitler die Worte »Mussolini« und »an den Füßen aufgehängt« unterstrichen.

Was mag ihm wohl bei dieser Nachricht durch den Kopf gegangen, welcher Entschluß in ihm gereift sein?

Die Bedeutung dieser Papiere und ihre Interpretation überschreitet die Grenze der Aufgabe, die wir zu lösen haben. Sie konnten später Schlüssel zu einem sozialen und psychologischen Porträt der Führer und Ideologen des Faschismus sein.

Wir finden die Tagebücher von Josef Goebbels, ein Dutzend dicke Hefte, mit steilen Buchstaben beschrieben, die eng aufeinandersitzen – schwer zu lesen. Die ersten Hefte beziehen sich auf das Jahr 1932, das letzte Heft endet Mitte 1941.

Es verdrießt mich, daß ich mich nicht länger mit den Tagebüchern beschäftigen kann. Dazu brauchte ich Tage. Uns aber fehlt jede Minute, wir müssen Hitler bzw. dessen Überreste finden.

Ich sichte nur kurz die Dokumente, schreibe eine kurze Inhaltsangabe und schicke alles an den Stab der Front.

*Auf der Suche nach einer Zuflucht-
stätte.*

Am Brandenburger Tor.

Am Abend des 2. Mai

Es ist am Abend des 2. Mai. Stunden zuvor hat die Berliner Garnison den Widerstand eingestellt. Die Übergabe der Waffen hat drei Uhr nachmittags begonnen und ist noch nicht beendet. Allerorts türmen sich Maschinenpistolen, Gewehre und Maschinengewehre zu Bergen. Verlassene deutsche Geschütze stehen auf der Straße, ihre Rohre zur Erde geneigt.

Geschlagene deutsche Truppen ziehen unweit der Reichskanzlei durch das Brandenburger Tor, über dem die rote Fahne weht. Viele Soldaten tragen noch immer die sinnlos gewordenen Stahlhelme. Da laufen sie nun, erschöpft, betrogen, mit geschwärzten Gesichtern, bedrückt. Die einen haben den Kopf zwischen die Schultern gezogen, andere zeigen sich erleichtert, die meisten aber wirken gleichermaßen niedergeschlagen und gleichgültig.

Eine dampfende Feldküche holpert über Schutthaufen, der Soldat treibt die Pferde an. Auf einem deutschen Panzer, der in die Straße eingegraben worden war, ruhen unsere Soldaten aus. Sie sitzen auf dem Turm und auf dem Geschützrohr, singen, drehen sich Zigaretten. Rauchpause.

Goebbels Leiche wird auf die Straße getragen. Ein schwarzes, verkohltes Gesicht. Die Parteiuniform hängt in Fetzen, das Feuer hat brandige Spuren hinterlassen, aber nicht seine Aufgabe erledigt.

Er wird gefilmt für die Chronik und für das Filmarchiv. Goebbels hatte Bücher verbrennen lassen, und die Flamme des Scheiterhaufens loderte drohend über Deutschland. Als Verteidigungskommissar in Berlin weihte er die Bürger dem Tod, er log und betrog sie bis zum letzten Atemzug: »Die Armee Wenck entsetzt Berlin!« Er ließ Soldaten und Offiziere hängen, weil sie zurückgingen.

Goebbels hatte die Anweisung gegeben, ihn nach dem Tod zu verbrennen. Die Flamme leckte schon an Kleidung und Gesicht, als unsere Sturmgruppen in die Reichskanzlei eindrangen.

Neben Magda Goebbels lagen ein goldenes Parteiabzeichen mit einer einstelligen Nummer, es hatte sich vom verbrannten Kleid gelöst, und ein goldenes Zigarettenetui mit Hitlers Namenszug.

Im Protokoll heißt es: »Am 2. Mai 1945 wurden um 17 Uhr im Zentrum von Berlin, auf dem Gelände des Bunkers der Reichskanzlei, einige Meter vom Eingang entfernt, von Oberstleutnant Klimenko, den Majoren Bystrow und Chasin im Beisein Berliner Bürger – der Deutschen Lange, Wilhelm, Koch der Reichskanzlei, und Schneider, Karl, Garagenwart der Reichskanzlei – die verkohlten Leichen eines Mannes und einer Frau gefunden. Der Mann war von niedrigem Wuchs, sein rechter Fuß gebogen (Klumpfuß) und mit einer Metallprothese versehen, er trug die verkohlten Reste einer Parteiuniform der NSDAP und ein goldenes Abzeichen mit Brandspuren.«

Lange, kampfreiche Jahre zogen wir über die zerstörte, verbrannte Erde des Kalininer Gebiets und der Smolensker Gegend, durch Belorußland und durch Polen. Wir sahen die Goebbelspropaganda in Aktion: verödetes Land, Todeslager, Gräben, mit zu Tode gequälten Menschen gefüllt – das war die »neue Zivilisation«, in der der Mensch des Menschen Henker war.

Die Straße des Krieges führte uns bis in die Reichskanzlei ...

Jahre später sollte ich manchmal gefragt werden: War es nicht schrecklich, diese Leichen zu sehen?

Schrecklich war es nicht. Da war etwas anderes – ein Schaudergefühl. Ich hatte in vier Kriegsjahren viel Schreckliches sehen müssen. Doch diese sterblichen Überreste hier im Garten der Reichskanzlei schienen nicht menschlicher, sondern teuflischer Natur.

Aber tote Kinder: das ist schrecklich. Ganz gleich, wessen Kinder es sind. Sie lagen auf den Betten: fünf Mädchen und ein Junge.

»Wessen Kinder sind das?« fragte Bystrow den Vizeadmiral Voss,

Vertreter der Kriegsmarine im Führerhauptquartier. Er hatte ihn in den Bunker geholt. Voss sollte sich angeblich zu Großadmiral Dönitz durchschlagen, um ihm im Auftrag Hitlers den Oberbefehl zu übertragen und die Order zu übermitteln, den Krieg fortzusetzen, koste es, was es wolle. Mit den Resten der Brigade, die die Reichskanzlei bewachte, hatte Voss in der Friedrichstraße die Einkreisung zu durchbrechen versucht. Dabei geriet er in Gefangenschaft.

Bystrow war mit Voss zur Reichskanzlei gefahren. Voss hatte starr und scheinbar ungerührt durch das Wagenfenster geschaut. Überall rauchten die Trümmer, gefangene deutsche Soldaten wurden abgeführt, hungrige Menschen drängten sich um eine Feldküche, der Koch teilte heiße Suppe aus ... Der Wagen rumpelte über die Reste geschleifter Barrikaden und bahnte sich mühselig seinen Weg durch die mit Trümmern übersäte Wilhelmstraße.

»Kannten Sie diese Kinder?« fragt ihn Major Bystrow und ich übersetze.

Voß nickt und läßt sich, nachdem er um Erlaubnis gebeten hatte, erschöpft auf einen Stuhl sinken.

»Ich sah sie noch gestern. Das ist Heide.«

Er deutet auf das jüngste der Mädchen, das viereinhalb Jahre alt war.

Bevor er hierher kam, hatte er Goebbels und seine Frau identifiziert. Er verdanke Goebbels seine Karriere, sagt Voß. Der Minister habe im Sommer 1942 mit einem Schweif von Korrespondenten den schweren Kreuzer »Prinz Eugen« besucht, den er befehligt habe.

Von den Ereignissen unter die Erde getrieben, hatten sie sich in der Reichskanzlei wieder zusammengefunden.

Major Bystrow und Voß stehen allein in diesem feuchten, schrecklichen Raum, wo unter Decken, nur mit Nachthemden bekleidet, die Kinder liegen.

Der Vizeadmiral blickt ausdruckslos vor sich hin. Sein Oberkörper ist nach vor geneigt, der Kopf hängt nach unten.

Sie schweigen, hängen ihren Gedanken nach.

Die Goebbels-Kinder waren von Leutnant Iljin erst am 3. Mai entdeckt worden.

Im Lazarett der Reichskanzlei wurde der Arzt ausfindig gemacht, der an der Tötung der Kinder beteiligt war. Dr. Helmut Kunz hatte im Amt für Sanitätswesen der SS in Berlin gearbeitet. Als dieses am 23. April aufgelöst wurde, beorderte man ihn in die Reichskanzlei.

Der unrasierte Mann mit den eingefallenen Wangen trägt noch die SS-Uniform. Er spricht abgehackt, atmet hastig und knetet dabei die Finger. Wahrscheinlich ist Kunz der einzige hier im Bunker, der seine Empfindsamkeit noch nicht eingebüßt hat, dessen Psyche noch auf alles, was er sieht, reagiert.

Er berichtet. »Am 27. April traf ich vor dem Abendbrot Goebbels' Frau zwischen acht und neun Uhr abends im Korridor am Eingang zum Bunker Hitlers. Sie sagte mir, daß sie aus einem sehr wichtigen Anlaß zu mir käme, und setzte gleich hinzu, jetzt sei eine Situation eingetreten, in der wir beide ihre Kinder töten müßten. Ich gab mein Einverständnis.«

Am 1. Mai sei er über Telefon aus dem Lazarett, das 500 Meter vom Führerbunker entfernt war, zu Goebbels gerufen worden. Dort erfuhr er den Zweck des Anrufes.

Kunz jedoch riet Goebbels, Kinder und Frau unter den Schutz des Roten Kreuzes zu stellen, sich allenfalls selbst zu vergiften.

Der Reichspropagandaminister habe ihm entgegnet: Das wäre nutzlos, denn immerhin wären es die Kinder von Goebbels.

Kunz will den sechs Kindern Morphiumspritzen gegeben haben.

»Danach ging ich wieder in den Vorraum und sagte zu Frau Goebbels, man müßte zehn Minuten warten, bis die Kinder eingeschlafen wären. Zugleich sah ich zur Uhr, es war zwanzig Uhr vierzig.«

Kunz sagte ihr, daß es ihm an seelischer Kraft gebräche, den schlafenden Kinder Gift einzuflößen.

Da habe ihn Magda Goebbels gebeten, Dr. Stumpfegger, Hitlers Leibarzt, zu suchen und ihn zu ihr zu schicken.

Gemeinsam mit Stumpfegger soll sie dann den eingeschläferten Kindern den Mund geöffnet haben. Sie selbst schob ihnen die Giftampulle zwischen die Zähne und drückte das Gebiß zusammen.

Stumpfegger sei daraufhin gegangen. Er sei mit der Frau in Goebbels' Kabinett gegangen.

Dort sei Goebbels im Zustande äußerster Nervosität auf und ab gelaufen.

»Mit den Kindern ist es vorüber, jetzt müssen wir an uns denken«, habe seine Frau erklärt.

Er soll gedrängt haben: »Schnell doch, wir haben wenig Zeit.«

Danach sei er, Dr. Kunz, ins Hospital zurückgekehrt.

Bystrow will wissen, woher das Gift stammte.

Kunze antwortet, Frau Goebbels habe ihm gesagt, daß sie das Morphium und die Spritzen von Stumpfegger erhalten habe. Woher sie aber die Giftampullen nahm, wisse er nicht.

Sie könnte diese von Hitler bekommen haben. Dieser hatte, wie wir später erfahren sollten, diese Ampullen Ende April austeilen lassen.

Vizeadmiral Voss, Dr. Kunz, der Koch Lange, Garagenwart Schneider, der Chef von Goebbels' Leibwache, Exkold, Ingenieur Zimm, technischer Leiter des Gebäudes der Reichskanzlei, und viele andere identifizieren Goebbels' Leichnam. Obgleich er verbrannt ist, erkennt ihn jeder, der ihn wenigstens einmal aus der Ferne sah.

Goebbels hat ein unverwechselbares Äußeres. Für seinen schwächlichen Körper ist der Kopf unverhältnismäßig groß. An den Seiten ist dieser merklich abgeflacht. Goebbels hinkte auf dem rechten Bein, dieses ist kürzer als das linke. Der Fuß ist nach innen gebogen und bildet einen Klumpfuß. Das Bein ist vom Feuer nicht erfaßt worden. Der orthopädische Schuh mit der verstärkten Sohle und die Prothese des Fußes sind unversehrt. Die Naziuniform – eine schwarzwollene Hose und ein hellbrauner Rock – hängt verbrannt in Fetzen herunter.

Die halbverkohlte Krawatte soll mir für immer im Gedächtnis bleiben. Sie wird von einem runden Hakenkreuzabzeichen zusammengehalten – eine gelbseidene Schlinge an einem schwarzen, verkohlten Hals.

Die neben ihm liegende Pistole der Marke Walther weist Brandflecke, aber keine Schmauchspuren auf. Sie war offenbar nicht benutzt worden.

»Bei der Untersuchung der Leiche wurde ein Bittermandelgeruch festgestellt, und im Munde wurden Splitter einer Ampulle gefunden«, heißt es im medizinischen Befund. »Bei der chemischen Untersuchung der inneren Organe und des Blutes konnten Zyankaliverbindungen nachgewiesen werden. Daraus ergibt sich die Schlußfolgerung, daß der Tod [...] im Ergebnis einer Vergiftung mit Zyankaliverbindungen eintrat.«

Ich weiß heute nicht mehr, ob wir damals herausbekamen, wer Gobbels und seine Frau verbrannte. Erinnerlich ist mir nur, daß es in großer Hast geschehen sein mußte und diese Personen flüchteten, bevor sie ihren Auftrag zu Ende führen konnten.

Die weißen Fahnen der Kapitulation.

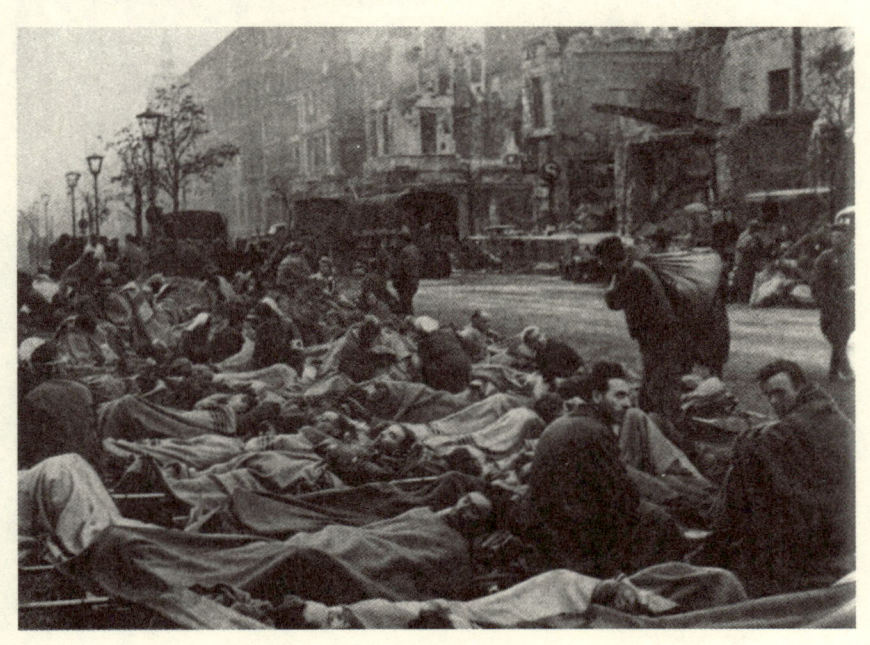

Verwundete Soldaten bestimmen das Bild dieser Straße.

Vor der Reichskanzlei.

Nachtquartier

Am 3. Mai geraten wir auf der Suche nach einem Nachtquartier nach Biesdorf. Dort übernachten wir im erstbesten Haus. Befangen treten wir in die Wohnung der Menschen, die eben erst eine Katastrophe erlebt haben. Die Bewohner gehörten wohl dem Mittelstand an. Es handelt sich um ein älteres Ehepaar in Hausmänteln. Unser unerwartetes Eindringen ängstigt sie. Sie überlassen uns zwei Zimmer, aber finden selbst offenbar keinen Schlaf und tappen leise durch den Korridor. Ich liege auf dem Diwan. Im Zimmer riecht es nach Mottenpulver.

Vier Jahre ist es her, daß der Krieg begann. Ich war damals Studentin. Das ist schon gar nicht mehr wahr. Ein Stück rosigroter Himmel blickt durch das unversehrte, nicht verdunkelte Fenster, ein Widerschein verebbender Brände. Die wunderbare Stille nach pausenlosen Kämpfen ist eine Wohltat, so ungewohnt, daß einem das Herz stehenbleiben will. Die Anspannung dieser Tage weicht, ein Gedanke bricht sich Bahn: Wir sind in Berlin! Er vertreibt den Schlaf.

Es ist ziemlich hell. Aus dem Schatten auf der gegenüberliegenden Wand ragt ein Hirschgeweih hervor, auf dem Tisch stehen frische Blumen in einer Vase, und in einem Käfig hockt ein kleiner Vogel. Er erwacht, hüpft auf eine winzige Leiter und von dort auf eine Schaukel.

Mit der Taschenlampe entziffere ich einen Spruch an der Wand: »Der Himmel bewahre uns vor Regen und Wind und vor Kameraden, die keine sind.«

Die Wand ist mit Fotografien eines Jungen geschmückt: Hier steigt er auf ein Holzpferdchen, dort liegt er am Strand, den Kopf auf den langen Beinen eines Mädchens im gestreiften Badeanzug.

Auf einem anderen Bild ist er schon Soldat in gutsitzender Uniform, den Stahlhelm in der Hand. Auch ein Gruppenfoto erkenne ich: Soldaten in fröhlicher Runde.

In der Mitte des Bildes steht eine Flasche. Einer hat den Stahlhelm aufs Bajonett gesetzt. Unterschrift: »Prosit!«

Auf dem Schreibtisch entdecke ich unter Glas die Benachrichtigung: ... an der Ostfront vermißt.

Auf der Suche nach Wasser gerate ich in die Küche. Am Fenster sitzt die Hausfrau. Sie hat einen Beutel mit Socken auf den Knien liegen. Als sie mit dem Stopfen begonnen hatte, denke ich, lebte Hitler noch. Das schwache Licht der Morgendämmerung nutzend, setzt sie nun die gewohnte Tätigkeit fort.

Auf einem Küchenregal stehen Biergläser in Reih und Glied, die Reihe wird von einer Nippesfigur angeführt, wie man sie zur Hochzeit schenkt: Sie reicht einen goldenen Stiefel zum Trinken.

Ich frage sie nach dem Laden unten im Haus. Er war uns aufgefallen, als wir nachts nach Quartier fragten. Ob er schon lange zugenagelt sei, erkundige ich mich.

Sie antwortet, daß die Drogerie ihnen gehöre. Sie hätten sie vor zwei Monaten geschlossen. »Wir haben sie uns in ehrlicher Arbeit geschaffen. Oh, das ist uns gar nicht so leicht gefallen. Aber nun ..., das Geschäft macht keinen Spaß mehr.« Sie seufzt.

Durchs Fenster sehe ich, wie eines unserer Mädchen auf der Kreuzung den Verkehr regelt. Sie trägt weiße Handschuhe. Mit ihrem Fähnchen winkend, läßt sie die Autos vorbei und schafft es, jedesmal grüßend die Hand zu heben. Als ein Soldat auf einem »Beutefahrrad« vorbeiradelt, stoppt sie ihn. Das ist ein Befehl des Oberbefehlshabers der Front: Fahrräder dürfen nicht gestohlen werden.

Neben ihr auf dem Fußsteig liegen bereits einige Räder.

Ein Soldat rollt ein Faß aus einem Torweg. Dann taucht er einen dicken, kurzstieligen Pinsel hinein, hockt sich auf die Fersen und übermalt auf der Straße die großen Buchstaben einer Durchhalteparole: »Berlin bleibt deutsch.«

Es klopft an die Tür. Ein Mann, bekleidet mit Joppe und dunkler Mütze, tritt ein. Er habe erfahren, daß hier Russen sind, sagte er. Er möchte mit dem Vorgesetzten sprechen. Sein Name wäre Gustav Huber. Er nimmt die Mütze ab und trägt nervös sein Anliegen vor. Als die sowjetischen Truppen in Berlin eindrangen, lief er ihnen mit seiner Frau entgegen. Er weist mit der Hand auf die Tür. Dahinter steht seine schwangere Frau auf der Treppe.

»Wir stürzten auf die Russen zu, wollten sie umarmen: Doch Ihre Soldaten stießen uns zurück.«

Seine Frau kommt herein, bleich wie er. Ihr Mantel ist bis obenhin zugeknöpft. Darunter wölbt sich ihr starker Leib. Der Mann sagt, daß er diesen Tag der Erlösung von Hitler erwartet und erhofft habe, und nun solch abweisende Begegnung mit der Roten Armee erleben mußte. Aus seinen Worten spricht aufrichtige Kränkung.

Seine Frau nickt zustimmend.

Wir sind erregt und haben doch taube Ohren.

Wie gern wollten wir vor 1941 glauben, daß die deutschen Arbeiter sich niemals zu einem Krieg gegen uns mißbrauchen lassen würden. Doch als die faschistische Wehrmacht immer tiefer in unser Land eindrang, verloren wir allmählich diesen Glauben, unser Gefühl verhärtete. Wir bringen es nicht fertig, diesen Mann zu umarmen. Unser Mißtrauen ist zu groß.

Ich denke an den Brief für Kurkow, der gestern aus dem Ural eintraf – nachdem Kurkow gefallen war. Wir hatten ihn geöffnet. Kurkows Frau schrieb, sie hätte im Radio von den Kämpfen in Berlin gehört. Nun werde wohl der Sieg nicht mehr fern sein. »Ich möchte Dir sagen«, schrieb sie, »daß Gonscha heimgekehrt ist, Ragosin und Popow sind verwundet. Kolja, als ich an der Mühle vorbeiging, saß dort Ragasin und spielte Harmonika. Es war für mich bitter, Kolja. Wenn ich Dich wenigstens einmal sehen könnte, nur auf einen Blick. Ich sehne mich nach Dir, und auch die Kinder sehnen sich. Auf baldiges Wiedersehen. Wir bleiben gesund und munter und hoffen das auch von Dir.«

Berlin Alexanderplatz.

Oberst Gorbuschin unterbricht meinen Gedankengang.

»Übersetzen Sie«, fordert er mich auf. »Ihr Arbeitsfrontführer Ley hat erklärt: Der deutsche Arbeiter ist kein einfacher Arbeiter, er ist ein Herrenmensch und fühlt sich auch so. Fragen Sie ihn, ob das stimmt.«

Huber schüttelte den Kopf. »Der deutsche Arbeiter ist auch ein Proletarier.«

Auf den Straßen Berlins.

Nichts Genaues

Es ist am frühen Morgen des 4. Mai. Über dem Alexanderplatz schweben rötliche Nebelschwaden. Mich fröstelt. Mitten auf dem Platz lagern Gefangene: Überreste der Berliner Garnison. Sie laufen auf der Straße, bis zum Kopf in Decken gehüllt. Krankenschwestern in dunklen Jacken und weißen Kopftüchern pflegen die Verwundeten. Rings um den Platz ragen Ruinen, aufgerissene Hauswände, aus denen Mörtel rieselt.

Ein mit Bündeln beladener Handwagen rattert über die Pflastersteine, von zwei Frauen gezogen, die offensichtlich aus der Umgebung nach Berlin zurückkehren. Der Lärm des Wagens kämpft unverdrossen gegen das Schweigen der Ruinen und Trümmer an.

Wieder sind wir in der Reichskanzlei.

Wer hat Hitler zuletzt gesehen? Was war über sein Verbleiben bekannt?

Der Garagenwart Karl Friedrich Wilhelm Schneider hatte uns gesagt: »Ob Hitler bis zum 1. Mai überhaupt in Berlin weilte, ist mir nicht bekannt. Ich habe ihn hier nicht gesehen.«

Trotzdem will er am 1. Mai in der unterirdischen Garage der Reichskanzlei von Erich Kempka, dem Leiter der Garage, vom Selbstmord Hitlers erfahren haben. »Diese Kunde ging von Mund zu Mund, alle redeten davon, doch keiner wußte genau Bescheid.« Aus dieser Nachricht und dem Befehl, Benzin zum Führerbunker zu schicken, machte er sich sein eigenes Bild.

Ein fünfzigjähriger Mann stellt sich uns in aller Form vor: Wilhelm Lange, Chefkoch der Hausintendantur Hitlers in der Reichskanzlei.

»Zum letzten Mal sah ich Hitler in den ersten Apriltagen im Garten der Reichskanzlei, wo er mit seinem Schäferhund Blondi spazierenging.«

»Was wissen Sie von Hitlers Schicksal?«

»Nichts Genaues. Am 30. April kam Hitlers Hundepfleger, Feldwebel Tarnow, zu mir in die Küche, um Futter für die jungen Hunde zu holen. Er war verstört und sagte mir: ›Der Führer ist gestorben, und von seiner Leiche ist nichts geblieben.‹ Unter den Angestellten der Reichskanzlei kreisten Gerüchte, daß sich Hitler vergiftet oder erschossen und man seine Leiche verbrannt hätte. Ob es wirklich so war, weiß ich nicht.«

Der technische Leiter des Gebäudes der Reichskanzlei, Wilhelm Zimm, sagte: »Das letzte Mal sah ich Hitler am 29. April um 12 Uhr. Man hatte mich in den Führerbunker gerufen, den defekten Ventilator wieder in Gang zu bringen. Während ich arbeitete, erblickte ich durch die offene Tür des Kabinetts Hitler.«

»Was wissen Sie von Hitlers Schicksal?«

»Am 30. April um sechs Uhr kehrten die Kanalarbeiter Wernikke und der Elektriker Günner von der Arbeit im Führerbunker zurück und erzählten, sie hätten gehört, der Führer sei tot. Weitere Einzelheiten teilten sie nicht mit.«

Vizeadmiral Voss sagt aus: »Ich nahm hier im Bunker an Beratungen teil, bei denen auch der Führer anwesend war. Von Hitlers Tod berichtete mir Goebbels.«

Das ist alles, was wir bis zum 3. Mai herausbekommen haben.

»Nichts Genaues«, hatte der Chefkoch Lange gesagt.

Diese Aussagen mußten aus einem Wust widerspruchsvoller, aus Sensationsdrang gemachter Mitteilungen ausgesondert werden.

Was wurde nicht alles behauptet! Hitler hätte drei Tage vor dem Fall von Berlin mit der Pilotin Reitsch im Flugzeug die Hauptstadt verlassen. Sein Tod wäre nur vorgetäuscht worden.

Eine anderes Gerücht: Hitler wäre durch unterirdische Gänge aus Berlin entwichen und halte sich jetzt in der uneinnehmbaren Südtiroler Alpenfestung verborgen.

Andere wieder, deren Wissen weniger dramatisch, dafür aber vermutlich der Wahrheit näher ist, sind so müde, so mitgenommen von den Ereignissen, daß sie vieles durcheinanderbringen, obwohl seit dem Erlebten erst ein oder zwei Tage vergangen sind.

Hin und wieder tauchen Versionen auf, eine malerischer als die andere, die wie Seifenblasen platzen. Gerüchte über Doppelgänger machten die Runde.

Um alles zu überprüfen und die Unwahrheit auszuschließen, braucht man Zeit und Leute. Beides haben wir nicht.

Die Ermittlungen werden in scharfem Tempo geführt. Das erhöht die Gefahr, vom Wege abzukommen oder einer falschen Spur zu folgen.

Hindernisse über Hindernisse türmen sich auf.

Am 3. Mai erscheint eine Gruppe von Generalen aus dem Stab der Front in der Reichskanzlei. Im Garten haben die Deutschen in eine betonierte Grube die Leichen derjenigen gelegt, die beim Bombardement und beim Beschuß der Reichskanzlei ums Leben gekommen sind. Ein General weist mit dem Zeigefinger auf einen Toten: »Da ist er!«

Im Uniformrock und mit Schnurrbart ähnelt der Leichnam aus der Ferne Hitler. Er wird aus der Grube gezogen, und obgleich sich die Umstehenden bereits einig sind, daß er es nicht ist, beginnen die Untersuchungen.

Zeugen werden zum Identifizieren herbeigerufen.

Einmütig erklären sie: »Er ist es nicht.«

Doch eben dieser unbekannte Tote befruchtet die Legende vom Doppelgänger. Der Leichnam wird von Kameraleuten aufgenommen, die ihn später als Hitler ausgaben.

Wir befinden uns in einer schwierigen Situation. Alle Ergebnisse der Aufklärer müssen zusammengefaßt werden. Diese schwierige Arbeit leitet Oberst Wassili Iwanowitsch Gorbuschin.

Immer wieder tasten wir den verödeten Bunker Meter um Meter ab. Umgestürzte Tische liegen umher, zerschlagene Schreibmaschinen, Glas klirrt und Papier raschelt unter den Füßen. Wir durchsuchen Zellen und Zimmer, die langen Korridore. Wir tasten uns an beschädigten Betonwänden entlang und tappen durch Pfützen, die sich in den Gängen sammeln. Die Luft ist feucht und drückend, die Ventilatoren arbeiten nicht mehr. Das Atmen fällt schwer.

An den Korridorabzweigungen hören wir Geräusche, da und dort nehmen wir eine Bewegung wahr, dann kehrt wieder Stille ein. Es ist gespenstisch und unwirklich. Das Licht der Taschenlampen frißt sich in die Dunkelheit.

Unsere Stiefel treten gegen etwas Festes, leere Flaschen klirren über den Beton. Wurden die noch von der Bunkerbesatzung oder schon von unseren Leuten geleert?

Im Hof ist General Krebs entdeckt und identifiziert worden. Vom graugrünen Uniformrock hingen die Schulterstücken. Auch er hatte sich vergiftet.

Doch wo war Hitler?

Es muß sich doch jemand finden lassen, der – wenn wir davon ausgingen, daß in einer der Decken, die nach oben getragen wurden, die Leiche Hitlers war – an der Verbrennung beteiligt war. Oder zumindest gesehen hat, wie und wo es geschehen war.

Der Garten der Reichskanzlei ist derart zerwühlt, daß es kaum möglich ist, ohne genaue Kenntnis den möglichen Verbrennungsort zu finden.

Unterdessen schwirren immer mehr Gerüchte umher. Irgendwer will von irgendwem gehört haben, daß Hitler restlos verbrannt und seine Asche vom Reichsjugendführer Axmann weggebracht worden sei. Axmann soll am Ausbruch der Gruppe Mohnke beteiligt gewesen sein. Seither fehlt jede Spur von ihm.

Hitler restlos verbrannt?

In diesem Sinne hatte sich auch Hundeführer Tarnow gegenüber dem Koch Lange geäußert. Hitler sei tot und von seiner Leiche nichts übriggeblieben.

Wenn es keine Überreste gibt oder wenn sie nicht gefunden werden können, bedeutet dies: Wir bleiben der Welt den unwiderlegbaren Beweis von Hitlers Ende schuldig.

Sein »Verschwinden« würde den Nährboden für Mythen und Spekulationen bilden.

Daran konnten nur seine Anhänger Interesse haben.

Wir vergleichen alle Aussagen und Angaben. Weitere Zeugen werden gesucht.

Am Morgen des 4. Mai sitzt vor mir ein stiller, ganz und gar ziviler Mensch. Er ist von kleiner Statur und von uns allen bisher übersehen worden. Er ist schließlich nur der Heizer. Er ist so unscheinbar, daß ich mir nicht einmal seinen Namen merke.

Er versteift sich auf nichts, er erzählt nur, was er gesehen hat. Im Chor der lauten, selbstsicheren Stimmen geht so eine naturgemäß unter. Der bescheidene Heizer ist sich der Bedeutung seiner Beobachtungen nicht bewußt.

Er ist der erste Deutsche, der mir von Hitlers Hochzeit erzählt. Ich halte das zunächst für ein Produkt seiner Phantasie. Mit stockender Stimme schildert er wunderliche Bilder aus den letzten Tagen, als wäre von unendlich Fernem die Rede.

Dr. Kunz bestätigt uns schließlich die Aussagen.

Bei der ersten Vernehmung hatte er aufgewühlt nur über die Ermordung der Goebbels-Kinder berichtet. Nun jedoch erinnert er sich weiterer Einzelheiten der letzten Tage.

Zur Bestätigung dessen, daß Hitlers Hochzeit mit Eva Braun tatsächlich stattgefunden hat, schildert er folgendes Detail: In seiner Gegenwart habe Eva Braun dem Chefarzt des Lazaretts der Reichskanzlei, Prof. Haase, erzählt, daß an jenem Tage Goebbels' Kinder sie auf gewohnte Weise »Tante Braun« gerufen, sie aber die Kinder berichtigt habe: »Tante Hitler«.

Kunz erinnert sich ferner, daß er den Abend in Gesellschaft von Prof. Haase und der beiden Sekretärinnen Hitlers, Frau Junge und Frau Christian, im Kasino über dem Führerbunker verbracht habe. Eva Braun, die hinzugekommen sei, habe sie alle vier in ein anderes Zimmer des Kasinos zum Kaffee eingeladen. Die Braun erzählte ihnen, Hitler habe ein Vermächtnis geschrieben und es aus Berlin hinausbringen lassen. Nun warte er auf die Bestätigung, daß es ans Ziel gelangt sei. Dann erst wolle er sterben. Sie sagte: »Wir sind verraten worden, von Göring und auch von Himmler.«

Und dann: »Das Sterben wird nicht so schwer sein, denn das Gift wurde schon am Hund erprobt.«

Dabei war Dr. Kunz sicher, daß dieses Gespräch am 30. April abends stattgefunden habe, während nach anderen Aussagen Hitler um diese Zeit bereits tot gewesen sein sollte.

Dr. Kunz will von Goebbels' Frau über Hitlers Selbstmord in Kenntnis gesetzt worden sein. Sie habe aber nicht gesagt, wie es geschah.

»Es lief das Gerücht um«, sagte Dr. Kunz, »daß seine Leiche im Garten der Reichskanzlei verbrannt werden sollte.«

»Und von wem hörten Sie das?« erkundigt sich Oberst Gorbuschin, und ich übersetze wieder.

»Das hörte ich von SS-Obergruppenführer Rattenhuber.* Er sagte: ›Der Führer hat uns allein gelassen, nun müssen wir seine Leiche nach oben bringen!‹«

Wir halten diese Aussage für maßgeblich.

Wieder wird, wie schon am ersten Tag, der Garten der Reichskanzlei der zentrale Ort für unsere Nachforschungen.

---

* Rattenhuber war SS-Brigadeführer und für die Sicherheit im Führerhauptquartier verantwortlich.)

Der Eingang zur Reichskanzlei – dem Ausgangspunkt verbrecherischer Entscheidungen.

Rechts:
In einem Saal der Reichskanzlei

Der Globus Hitlers, Symbol der faschistischen Welteroberungspläne, hat ausrotiert.

Die Leiche des sogenannten Hitler-Doppelgängers.

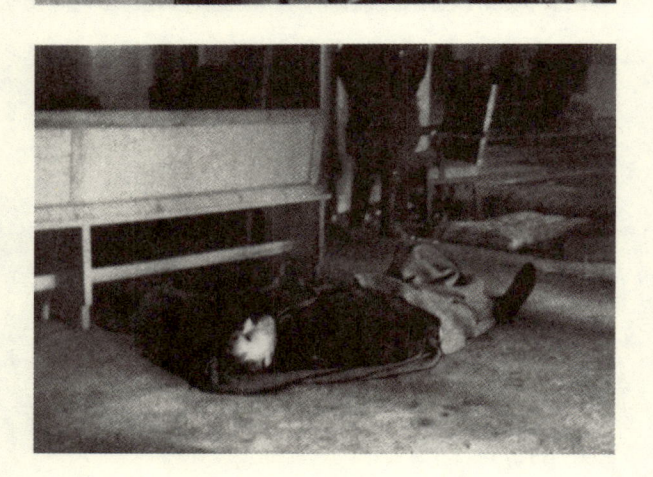

Garten der Reichskanzlei, in dem die Leichen Hitlers und Goebbels' verbrannt wurden (Ausgang des Bunkers in den Garten). Unten: Im Innern der Reichskanzlei.

Hauptmann Neustrojew und Zugführer Stscherbina. Mit ihrem Bataillon stürmten sie den Reichstag.

Auf der Treppe zur Reichskanzlei.

Meeting am Brandenburger Tor.

Dokumente aus dem Führerbunker

Ich ersticke in Papieren: Meldungen von Gefechten, Befehle aus dem Gefechtsstand der Brigade Mohnke, welche die Reichskanzlei verteidigte. Funksprüche.

In Goebbels' Zimmer wurden außer den Tagebüchern Drehbücher verschiedener Autoren gefunden und auch ein Wälzer: ein Geschenk der NSDAP zum 40. Geburtstag. Seite für Seite war sein Manuskript »Kleines Abc des Parteigenossen« fotokopiert und zu dieser Bibel aufgeblasen worden.

Es ist unmöglich, im Bunker zu arbeiten. So verbringe ich viele Stunden in einem Saal der Reichskanzlei beim Entziffern von Dokumenten. Ich glaube, es handelt sich um Hitlers Audienzsaal. Genau weiß ich es nicht. Alles liegt durcheinander, wahrscheinlich ist es hier zu einem letzten Gefecht mit der SS-Besatzung gekommen.

Die Tische sind umgeworfen, die Zimmerdecke ist zerschossen, die Sessel liegen kopfüber mit aufgeschlitzten Bezügen. Überall Glasscherben. Der Fußboden dieses Saals, mit grauem Velour bezogen, ist zertreten und zerrieben von den Stiefeln der Soldaten. Unsere Aufklärer bringen mir die Schriftstücke und schütten sie aus den Säcken auf den Fußboden.

In den Räumen von Goebbels haben sie in einem Koffer Mappen gefunden. Ich stelle fest, daß es Magda Goebbels' persönliche Papiere sind.

Was nahm sie mit, als sie am 22. April aus der Hermann-Göring-Straße in den Bunker der Reichskanzlei umzog?

Ich entdecke die Inventarverzeichnisse des Landhauses in Lanke und des Schlößchens in Schwanenwerder. Alles ist verzeichnet: Garnituren, Tafelsilber, Services und Statuetten. Jeder Aschenbecher, jedes Sofakissen aus den zahllosen Räumen, jedes Schnupftuch von Goebbels und sein Aufbewahrungsort im Wäscheschrank, jeder Haken für Toilettenpapier in den Toiletten ist aufgelistet. Zimmer für Zimmer, im Hauptgebäude und in den Flügeln, Schlafzimmer, Arbeitsräume, Kinderschlafzimmer, Adjutantenräume, Gästezimmer, Säle, Hallen, Treppen, Korridore, Terrassen, Bedientenzimmer, Kinoräume, ein Verzeichnis der Garderobe Goebbels' – alles ist minutiös erfaßt. Selbst ein Verzeichnis von 87 Flaschen verschiedener Weine entdecke ich.

Aus den Rechnungen lassen sich die Preise für die Einrichtung seiner Landhäuser, die sich Goebbels an verschiedenen Orten hatte bauen lassen, ermitteln. Auch Kaufhausrechnungen von 1939 an Magda Goebbels sind dabei. Ein Verzeichnis der Garderobe der Kinder finde ich. Aufgeführt sind alle Kleider, Mäntel, Mützen, Schuhe, Skianzüge, Unterwäsche, Neuanschaffungen und die Kleidungsstücke, die von der ältesten Tochter auf die zweitälteste, von der auf die nächstfolgende usw. überwechselten.

Auch ein Schreiben an Magda Goebbels, mit dem Stempel der NSDAP versehen, sehe ich. Es ist die Wiedergabe der Weissagung eines Hellsehers. Darin heißt es: »Er sagte bereits im April 1942 die Invasion der Alliierten für Anfang Juni an der französischen Küste voraus. Es wird erbitterte Kämpfe geben, die ihren Höhepunkt jedoch erst im August 1944 erreichen. Mitte Juni aber werden die Deutschen eine neue Luftwaffe einsetzen, die furchtbare Zerstörungen anrichtet, besonders in England. Das führt zu innenpolitischen Verwicklungen in England und wird den weiteren Vormarsch der Alliierten hemmen.

Zu erbitterten Kämpfen mit den Invasionstruppen kommt es von August bis November 1944, und Anfang November erleiden die Alliierten die größte Niederlage des ganzen Krieges. [...] Im April 1945 kann Deutschland alle seine Kräfte an die Ostfront werfen und nach fünfzehn Monaten Rußland endgültig erobern. Der Kommunismus wird ausgemerzt, die Juden werden aus Rußland vertrieben, und Rußland wird in kleine Staaten zerfallen [...] Im April 1946 werden die deutschen U-Boote mit einer neuen und furchtbaren Waffe ausgerüstet werden, durch deren Hilfe die Reste der englischen und amerikanischen Flotten im Laufe des August 1946 vernichtet werden [...]«

Auf einer Mappe steht handschriftlich: »Harald als Gefangener.« Das war ihr ältester Sohn aus erster Ehe.

In der Mappe ist alles gesammelt, was mit seiner Gefangenschaft zusammenhing. Auf dem ersten Blatt erfahre ich die Umstände seiner Gefangennahme. Sie wurden von einem Unteroffizier im Rapport an seinen Vorgesetzten beschrieben, der Rapport war an Goebbels weitergeleitet worden. Sein Stiefsohn wurde zuletzt bei einem Gefecht in einem afrikanischen Ort gesehen. Dann folgte ein Brief Haralds aus amerikanischer Gefangenschaft.

In einem anderen Stapel liegen Dokumente des Leiters der Parteikanzlei.

Bormanns Papiere enthalten den Briefwechsel mit seinem Adjutanten Dr. Hummel. Der Leser spürt die Atmosphäre im Bunker, die Wirkung der Ereignisse an der Front, doch direkte Hinweise auf Hitlers Geschick finde ich in diesen Papieren nicht. Ein Telegramm weckt lebhaftes Interesse.

»22.4.45

An Hummel, Obersalzberg

Mit der von überseeischen Ländern vorgeschlagenen Ortsveränderung nach Süden einverstanden. Reichsleiter Bormann«

Was bedeutet das?

Bormann hatte offensichtlich für sich – und andere? – ein Asyl außerhalb Deutschlands vorbereitet. War es ihm gelungen, aus Berlin zu entkommen? Und Hitler mit ihm? War die Geschichte mit dem Selbstmord nur ein für uns inszeniertes Täuschungsmanöver?

Bormanns Notizbuch – das ich erst sehr viel später im Archiv lesen sollte – hätte mir damals geholfen. Dann wüßte ich, was Bormann am Sonntag, dem 29. April 1945, erlebt und notiert hatte:

»Der zweite Tag beginnt mit Trommelfeuer. In der Nacht vom 28. zum 29. April berichtete die ausländische Presse von Himmlers Kapitulationsangebot. Trauung Adolf Hitlers mit Eva Braun. Der Führer diktiert sein politisches und sein privates Testament.

Die Verräter Jodl, Himmler und die Generale überlassen uns den Bolschewisten!

Nach Meldungen des Gegners sind die Amerikaner in München eingedrungen.« Und anderentags notierte Bormann:

»30.4.45

Adolf Hitler ᛣ *

Eva H. ᛣ«

Am nächsten Tag erfolgte die letzte Eintragung, bestehend aus einem Satz:

»Dienstag, 1. Mai. Versuche aus dem Kessel auszubrechen!«

Hätte ich das damals alles lesen können, so wäre das eine Bestätigung für Hitlers Ende gewesen, das für uns aber in der ersten Mai-Woche 1945 keineswegs als gesichert gilt.

Doch dieses Tagebuch liegt mir nicht vor. Es liegt auf einer Straße in der Berliner Innenstadt, wo es die Aufklärer der Nachbararmee finden.

Und selbst wenn: Wir hätten seine Echtheit bezweifelt.

Heute gibt es keine Zweifel mehr, das es das echte Tagebuch Bormanns ist. Er hatte es bei seiner Flucht verloren.

---

* Rune für Tod

Nach der Kapitulation von Berlin. Ganz rechts im Bild der »Kampfkommandant von Berlin«, General Weidling.

Keitel unterschreibt die Kapitulation. Der Hitler sklavisch gehorchende Generalfeldmarschall wurde als einer der Hauptangeklagten in Nürnberg zum Tode verurteilt.

Nach dem Kampf.

Ganz unten: Im ehemaligen Lustgarten.

Die rote Fahne über dem Reichstag.

*Unten links:
Die Fahne des Sieges auf der Quadriga.*

Siegessalut.

Ein langer Tag

Am 4. Mai werden im Garten der Reichskanzlei die verkohlten Leichen eines Mannes und einer Frau gefunden.

Es ist hell und windig. Im Garten, nahe dem Notausgang von Hitlers Bunker, stehen im Kreise die Rotarmisten Tschurakow, Olejnik, Serouch, Oberstleutnant Klimenko und Oberleutnant Panassow.

Der Wind spielt mit ausgeglühten Blechstücken, Draht und abgebrochenen Zweigen auf dem Rasen.

Auf einer grauen, mit Erde beschmierten Decke liegen vom Feuer verstümmelte, schwarze menschliche Überreste.

Wir meinen, es sind die Adolf Hitlers und Eva Brauns.

Ein grausiger Anblick.

Genaueres muß die Untersuchung ergeben.

Mit unserem Fahrer Sergej und mehreren Soldaten mache ich mich zum Reichstag auf. Wir steigen über Trümmerberge und durch Trichter. Noch immer steigt Rauch empor, nach dem Brand sind die Wände noch immer nicht abgekühlt. Über dem Kuppelskelett flattert eine rote Fahne im trüben Himmel. Wir steigen die zersplitterten Stufen hoch, betrachten die rußgeschwärzten Säulen, lehnen uns an die Wände und sehen einander an. Auf den Stufen schläft ein Soldat, den verbundenen Kopf an die Säule gelehnt, das Gesicht in der Fellmütze verborgen. Ein schnurrbärtiger Gardesoldat, über der Schulter die Mantelrolle, dreht sich nachdenklich eine Zigarette. Die großen Fenster der unteren Etage des Reichstages sind mit braunen Holztafeln vernagelt. Kreuz und quer sind sie mit Inschriften bedeckt. Sergej kritzelt unter die schwungvolle Inschrift »Wo bist du, teurer Freund? Wir sind in Berlin, bei Hitler« in krakeligen Lettern: »Seid gegrüßt, Sibirier!«

Wir gehen hinein. Soldaten laufen umher, aufgerissene Mappen liegen herum, es riecht brandig.

Dann laufen wir weiter durch die Stadt. Die Fußsteige sind menschenleer. Niedergeschlagen räumen hier und da Einwohner die Trümmer auf, reichen, eine Kette bildend, einander die Ziegel zu. Soldaten mit roten Armbinden schlagen Befehle des Stadtkommandanten an. Zu Ehren des Sieges in Berlin wird ein hölzerner Triumphbogen gebaut und in seiner Mitte ein roter Stern befestigt, die Seiten schmücken die Flaggen der Alliierten. Über aufgeräumte Wege schlängeln sich Fahrzeuge. Weibliche Verkehrsposten mit weißen Handschuhen – die Handschuhe waren beim Einzug in Deutschlands Hauptstadt ausgegeben worden – regelten unermüdlich mit Hingabe den Verkehr.

Nicht ohne Rührung sehen wir ihnen zu. Vor noch gar nicht langer Zeit standen sie in Wickelgamaschen und mit dem Gewehr auf der Schulter an den Straßen der Front, fröstelnd, mit heiserer Stimme, unnachsichtig ...

Infanterie zieht vorüber. Die eisenbeschlagenen Schuhe klirren auf der Straße. Die Fahrzeuge stoppen. Hinter dem Kommandeur der Einheit wird in einer Hülle die Fahne getragen.

Am Anschlag mit dem Befehl des Kommandanten sammeln sich Berliner, notieren die angekündigten Lebensmittelrationen.

Wir betreten eine Spreebrücke. Dort sitzt eine Frau im Mantel, den Kopf in den Himmel gereckt, die Beine weit gespreizt, und lacht. Ich rufe sie an. Sie sieht mich mit klaren, hellgrünen Augen zerstreut an und nickt freundlich, als habe sie mich erkannt. Dann schreit sie mit irrer, kehliger Stimme: »Alles kaputt!«

Wie es gewesen ist

Im Garten der Reichskanzlei war der Soldat Tschurakow, einer der Leute von Oberstleutnant Klimenko, auf einen Bombentrichter aufmerksam geworden. Der Trichter liegt links vor dem Eingang des Führerbunkers. Die Erde im Trichter ist weich und locker, eine geladene Panzerfaust ist hinuntergerollt, und etwas ragt aus dem Boden, was eine graue Decke sein könnte.

Das weckt Tschurakows Interesse. Als er in den Trichter springt, landet er auf den halbverkohlten Leichen eines Mannes und einer Frau, die mit einer dünnen Erdschicht bedeckt sind.

Der Soldat ruft seine Kameraden zu Hilfe. Zu viert ziehen sie die Körper heraus.

Die Namen dieser Soldaten sind in dem Protokoll festgehalten, das am nächsten Tage aufgenommen wird.

»1945, 5. Mai

Wir, der Gardeoberleutnant Panassow, Alexej Alexandrowitsch, und die Soldaten Tschurakow, Iwan Dmitrijewitsch Olejnik, Jewgeni Stepanowitsch, und Serouch, Ilja Jefremowitsch, entdeckten in Berlin auf dem Gelände von Hitlers Reichskanzlei in der Nähe der Stelle, wo die Leichen von Goebbels und seiner Frau gefunden wurden, beim persönlichen Luftschutzbunker Hitlers zwei verbrannte Leichen, eine männliche und eine weibliche, und gruben sie aus.

Die Leichen waren stark verkohlt und ohne zusätzliche Angaben nicht zu identifizieren.

Die Leichen lagen in einem Bombentrichter, drei Meter vor dem Eingang zu Hitlers Bunker, und waren mit einer Erdschicht bedeckt.«

Im Trichter wird alsdann weitergegraben.

»Wir fanden zwei getötete Hunde und gruben sie aus.
Kennzeichen der Hunde:
1. Deutscher Schäferhund (Hündin), dunkelgraues Fell, großer Wuchs, am Halse ein Halsband aus einer Kette mit schmalen Gliedern. Wunden oder Blut wurden am Kadaver nicht festgestellt.
2. Kleiner Hund (Rüde), schwarzes Fell, ohne Halsband, keine Wunden, Oberkieferknochen gebrochen.

Die Hundekadaver befanden sich in einem Bombentrichter, 1,5 Meter voneinander entfernt, und waren leicht mit Erde bedeckt.

Es gibt Gründe anzunehmen, daß die Hunde vor fünf bis sechs Tagen getötet wurden, sie strömen keinen üblen Geruch aus, und es fallen auch keine Haare aus.

Um Gegenstände zu finden, die auf den Besitzer der Hunde und auf die Ursachen ihres Todes hinweisen könnten, untersuchten wir am Ausgrabungsort der Hundekadaver sorgfältig den Boden. Dabei wurden gefunden:

1. zwei gläserne Ampullen dunkler Farbe für Medikamente;
2. verstreute und versengte Blätter aus Druckschriften und kleine handbeschriebene Papierschnitzel;
3. ein Medaillon aus Metall in der Form einer Ellipse auf einer dünnen Kugelkette von 18-20 cm Länge, auf der Rückseite des Medaillons war die Inschrift eingraviert: Laß mich immer bei Dir sein!
4. 600 Mark deutschen Geldes in Hundertmarkscheinen;
5. ein ellipsenförmiges Metallschild mit der Nummer 31907 [...]
Hauptmann Derjabin, Gardeoberleutnant Panassow, Sergeant Zibotschkin, die Soldaten Alabudin, Kirillow, Karschak, Gullajew.«

Die Hunde waren leicht zu identifizieren.
Der Schäferhund, »der persönliche Hund Hitlers«, wie es in einem anderen Protokoll heißt, ist »groß, mit langen Ohren«.

Die Gesichter des Mannes und der Frau sind bis zur Unkenntlichkeit verbrannt. Nach einer sorgfältigen Untersuchung wird die Vermutung bestätigt, daß es Hitler und Eva Braun sind.

Ohne Mythos

Im Tagebuch Bormanns, Hitlers Stellvertreters in der Partei, wird der übliche Rhythmus der Notizen – Besprechungen beim Führer, Empfänge, Absetzungen und Ernennungen, Abendessen bei Eva Braun, Auszeichnungen und Familienangelegenheiten – von bedrohlichen Nachrichten über Armeen unterbrochen, die von allen Seiten her angreifen. Bald verdrängen diese Meldungen alles andere.

»Am Morgen sind die Bolschewisten zum Angriff übergegangen.«
Und tags darauf heißt es: »Sonntag, der 14. Januar. Besuch bei Tante Hesken.«

Luftangriffe auf Dresden, Angriffe auf Weimar werden vermerkt. Luftangriffe auf Berlin: »Zweiter Treffer auf die Reichskanzlei (Volltreffer).«

»Die Russen bei Köslin und Schlawe.«

Alles das ist noch vermischt mit der Chronik des gesellschaftlichen Lebens. Doch mit zunehmender Erregung wird nun täglich fixiert, wie sich der Ring zusammenzieht.

»Tiefe Durchbrüche in Pommern. Panzer bei Kolberg, Schlawe-Dramburg. Im Westen ist nur noch ein Kriegsschauplatz geblieben.« (4. März)

»Die Engländer haben Köln genommen. Die Russen in Altdamm!!« (8. März)

»Erster Volltreffer auf das Propagandaministerium.« (14. März)

»Panzer in Warburg-Gießen.« (28. März)

Guderian wird abgesetzt, der Pressechef Dr. Dietrich von Hitler entlassen. »Mittags Panzer bei Beverungen. Nachts Panzer bei Hersfeld.« (30. März)

»Russische Panzer bei Wiener-Neustadt.« (1. April)

»Die Bolschewisten bei Wien. Anglo-Amerikaner in Thüringen.«

Mitte April aber bricht aus Bormanns Tagebuch drei Tage hintereinander derselbe Satz hervor: »Schwere Kämpfe an der Oder! [...] Schwere Kämpfe an der Oder! [...] Schwere Kämpfe an der Oder!!«

Die starken Stellungen an der Oder galten für uneinnehmbar. Nach der Meinung des deutschen Oberkommandos mußte gerade an der Oder die Offensive der Roten Armee zum Stehen gebracht werden können.

Am 16. April begann die Offensive der Roten Armee. Der Durchbruch durch die Oderfront schien in Hitlers Hauptquartier Panik ausgelöst zu haben. Das beamtete Berlin flüchtete mit Fahrzeugen nach München. Die Autobahn Richtung Süden hieß bei den Berlinern »Reichsflüchtlingsstraße«.

Nach dem Durchbruch an der Oder erwog Hitler, sein Hauptquartier nach Berchtesgaden (Obersalzberg) zu verlegen. Es wurde Befehl gegeben, alles zum Abflug vorzubereiten. Bormann notierte in seinem Tagebuch:

»Freitag, 20. April

Geburtstag des Führers, aber leider keine Feiertagsstimmung. Der Abflug eines Vorkommandos wurde befohlen.«

In Bormanns Papieren, die ich in den Maitagen der Kapitulation Berlins durchsehe, finde ich einen Funkspruch an die Adjutanten Hummel und Frank mit der Anweisung, die Räume vorzubereiten. Am 21. April kommt Hummels Antwort, der Plan der Verteilung der Ämter und Abteilungen sei zum Teil schon ausgeführt. Er bittet um Bestätigung der Vorlage. Einzelne Abteilungen sind schon nach Berchtesgaden verlegt worden, auch ein Teil von Hitlers Archiv. Selbst einer seiner Sekretäre und sein Leibarzt Morell, ohne dessen aufputschende Drogen und Medikamente Hitler schon seit langem nicht mehr auskommt, weshalb er sich von ihm bisher nicht trennen wollte, werden dorthin evakuiert.

Noch eine Bestätigung für die Absicht Hitlers, sich in Berchtesgaden niederzulassen, finde ich: Hitler ernannte Dönitz zum Befehlshaber über alle Streitkräfte im Raum Nord – einen Befehlshaber für den Raum Süd gibt es nicht. Offenbar hält er diesen Posten für sich selbst frei.

Alles ist zum Abflug vorbereitet.

Doch am 21. April erteilt Hitler den Befehl zum Gegenangriff.

Am 22. April erfährt Hitler von den Generalen, die den routinemäßigen Lagebericht geben, daß dieser Gegenangriff unter dem Befehl des SS-Generals Steiner gescheitert sei und Berlin sich nicht mehr lange werden halten können. Deshalb solle er die Hauptstadt verlassen, um den Truppen die Möglichkeit zum Rückzug zu geben.

Daraufhin beschuldigt Hitler in einem Anfall von Hysterie die SS und die Armee des Verrats, droht den Generalen mit Selbstmord und entfernt sich schließlich in tiefer Depression mit Bormann und Keitel. Zurückgekehrt erklärt er den Generalen mit matter Stimme, daß er in Berlin zu bleiben gedenke.

Am 22. April schwirren Funksprüche durch den Äther.

Bormann telegraphiert an Hummel und Frank. Es sind fieberhafte Anweisungen, die Ankunft des Führers vorzubereiten.

»22. 4. 45
Berlin
Hummel, Obersalzberg
Sendet sofort mit heutigen Flugzeugen möglichst viel Mineralwasser, Gemüse, Apfelsaft und meine Post.
             Reichsleiter Bormann«

Der Abflug erfolgt nicht mehr. Die angloamerikanischen Truppen stehen bereits unweit von Berchtesgaden.

Der Führerbunker

Das Oberkommando der Wehrmacht verläßt Berlin. Großadmiral Dönitz, Generalfeldmarschall Keitel, Generaloberst Jodl – Chef des Wehrmachtführungsstabes im Oberkommando – und der Fliegergeneral Koller rücken mit ihren Stäben ab.

Die Schützen und Panzerdivisionen der Roten Armee überwinden in schweren Kämpfen einen Verteidigungsgürtel der Deutschen nach dem anderen und dringen zum Stadtzentrum Berlins vor.

Schon schlagen die Geschosse der sowjetischen Artillerie in der Reichskanzlei ein, und nur die dicke Betondecke des Bunkers schützt Hitler. Der Funkmast der Reichskanzlei ist umgestüzt, das unterirdische Kabel beschädigt. Meldungen von den Befehlshabern der deutschen Armeen über den Verlauf der Kämpfe erreichen ihn nicht mehr. Die Funkverbindung mit dem Obersalzberg bricht immer wieder zusammen. Aus ausländischen Rundfunkmeldungen empfängt man Meldungen über das Schicksal der deutschen Städte und die Lage in Berlin. Gerüchte, eines phantastischer als das andere, kriechen von der Straße unter die Erde.

Als Goebbels im Frühjahr 1941 den Überfall auf die Sowjetunion mit vorbereitete, überschwemmte er die Welt mit Gerüchten. Er säte »im Namen des allgemeinen Durcheinanders« Panik, Furcht und Verzweiflung. »Gerüchte sind unser täglich Brot«, schrieb er damals in sein Tagebuch.

Das Erdbeben, vom Faschismus ausgelöst, hat sich verlagert: Jetzt liegt sein Epizentrum im Gebiet der Reichskanzlei.

Auf den Straßen Berlins sterben Deutsche. Die Meldungen – sie befinden sich in derselben Mappe Bormanns wie die Funksprüche an seine Adjutanten – schildern die hoffnungslose Lage der in den Straßen der Hauptstadt Kämpfenden und die Not der Bevölkerung.

Kreisleiter Herzog meldet, daß der Gegner auf der Schönhauser Allee bis zur Stargarder Straße vorgedrungen und es unmöglich sei, an diesem Abschnitt Widerstand zu leisten. Er fragt: »Was wird aus der Verpflegung der Bevölkerung, kann kaum kochen, da sie nicht mehr aus den Kellern herauskommt und kein Wasser hat?«

Diese Meldungen fließen bei Goebbels zusammen, er ist Reichsverteidigungskommissar und Gauleiter der Hauptstadt.

Doch sie stoßen auf taube Ohren und werden einfach nicht zur Kenntnis genommen. Kein Buchstabe und kein Wort zeugen davon, daß in den Tagen der größten Katastrophe des deutschen Volkes die Schuldigen wenigstens eine Minute lang an die Menschen draußen gedacht hätten. Da rührt sich kein Funke Verantwortung. Nichts.

Vor den Mauern der Reichskanzlei sterben Menschen. Im Bunker aber lebt man, auf ein Wunder hoffend, auf das Horoskop oder den Instinkt des »Führers« bauend, in einer Atmosphäre der Intrigen, Aufregungen und Erschütterungen, für die es reichlich Nahrung gibt.

Allein das Telegramm Görings, der Berlin am 20. April verlassen hat und bereits auf dem Obersalzberg weilt, läßt die Bunkerbewohner alles vergessen, was draußen passiert.

»Mein Führer!

Sind Sie einverstanden, daß ich nach Ihrem Entschluß, im Gefechtsstand in der Festung Berlin zu verbleiben, gemäß Ihres Erlasses vom 29.6.1941 als Ihr Stellvertreter sofort die Gesamtführung des Reiches übernehme mit voller Handlungsfreiheit nach innen und außen?

Falls bis 22.00 Uhr keine Antwort erfolgt, nehme ich an, daß Sie Ihrer Handlungsfreiheit beraubt sind. Ich werde dann die Voraussetzungen Ihres Erlasses als gegeben ansehen und zum Wohle von Volk und Vaterland handeln.

Was ich in diesen schwersten Stunden meines Lebens für Sie empfinde, wissen Sie, und kann ich durch Worte nicht ausdrücken.

Gott schütze Sie und lasse Sie trotz allem baldmöglichst hierher kommen.   Ihr getreuer Hermann Göring.«

Hitler tobt. Er befiehlt seinem Adjutanten Schaub, sein persönliches Archiv in München und Berchtesgaden zu verbrennen. Der Adjutant kann noch mit dem vorletzten Flugzeug Hitlers vom Flugplatz Gatow aufsteigen. SS-Obersturmbannführer Frank, Leiter des Sicherheitsdienstes auf dem Obersalzberg, und SS-Obersturmführer Bredow bekommen über Funk Befehl, Göring zu verhaften.

Was Göring, der zweite Mann des Reiches, darstellt, ist weithin bekannt. Rattenhuber kennt auch die Geheimnisse von Hitlers Spießgesellen. »Ich habe vom Leben nichts mehr zu erwarten, meine Familie ist versorgt«, will Göring ihm im Herbst 1944 gesagt haben. Er beschrieb, mit welcher Gier sich Göring bereicherte, wie er seine Macht zum unverhüllten Raub mißbrauchte, anfangs in Deutschland, in Italien und dann in den besetzten Ländern. Die meiste Zeit verbrachte er auf seinen Landsitzen Karinhall und in Berchtesgaden mit seinen überall zusammengerafften und gestohlenen Schätzen. Er empfing seine Besucher in rosaseidenem Hausgewand, das mit goldenen Schnallen verziert war. Seine Frau, mit einem Löwenjungen auf dem Arm, gab dazu den Hintergrund ab.

Als herrschte nicht Krieg, ging er wie immer auf die Jagd.

Was das für eine Jagd war, erzählt mir im Juni 1945 der Oberförster in Görings Jagdschloß.

In seiner Haft auf dem Obersalzberg trat Göring von seinen Ambitionen und Ämtern zurück. In Berlin wurde bekanntgegeben, Göring habe wegen seines kranken Herzens den Rücktritt eingereicht. »Reichsmarschall Hermann Göring ist an seinem seit längerer Zeit bestehenden chronischen Herzleiden, das nunmehr in ein akutes Stadium getreten ist, erkrankt«, wurde der Bevölkerung und den Soldaten im »Panzerbär« mitgeteilt. »Er hat daher selbst darum gebeten, in dieser Zeit, die den Einsatz aller Kräfte erfordert, von der Führung der Luftwaffe und den damit zusammenhängenden Aufgaben entbunden zu werden. Der Führer hat dieser Bitte entsprochen.

Zum neuen Oberbefehlshaber der Luftwaffe hat der Führer Generaloberst Ritter von Greim unter gleichzeitiger Beförderung zum Generalfeldmarschall ernannt. Der Führer empfing gestern in seinem Hauptquartier in Berlin den neuen Oberbefehlshaber der Luftwaffe und hatte eine längere Besprechung über den Einsatz der fliegenden Verbände und der Flakartillerie.«

Der Befehl über die Ernennung Greims hätte mit Funk übermittelt werden können. Aber Hitler, an Schauspiele und Paraden gewöhnt, kennt keine Hemmungen und Grenzen, um so mehr, da es sich hier auch um sein Prestige handelt: Er befiehlt Greim zu sich, damit er ihm im Bunker die Berufungsurkunde übergäbe.

Unter Begleitschutz von 40 Jagdflugzeugen fliegt Greim von Rechlin zum Flugplatz Gatow. Dabei verliert er eine Begleitmaschine nach der anderen. In Gatow steigt er in ein anderes Flugzeug um. Wenige Minuten später wird diese Maschine über dem Brandenburger Tor von einem Geschoß getroffen und Greim am Bein verwundet. Sein persönlicher Pilot, Hanna Reitsch, übernimmt das Steuer und landet die Maschine auf der Ost-West-Achse.

Einige Monate später wird Hanna Reitsch vor amerikanischen Militärbehörden detailliert aussagen, was sich im Hitlerbunker ihren Augen geboten hat. Ihre Angaben sind umso glaubwürdiger, als die bekannte Pilotin als überzeugte Nationalsozialistin gilt und Hitler treu ergeben ist.

Hanna Reitsch bleibt drei Tage am Bett des verwundeten Greim und beobachtet, wie sich die Mächtigen des Reiches gebärden. Sie beschreibt, wie Hitler durch den Bunker schreitet, eine zerschlissene und schweißfleckige Karte in der Hand schwenkend, und jedem, der ihm zuhören will, die Pläne, die er mit der Armee Wenck hat, darlegt.

»Seine Haltung und sein körperlicher Zustand wurden immer schlechter.«

Das Zimmer, in dem sich die Reitsch aufhält, grenzt an Goebbels' Kabinett. Der hinkt nervös umher, verwünscht Göring, gibt ihm die Schuld an allem Unglück und führt wortreiche Selbstgespräche. Die Tür seines Zimmers steht offen, und Hanna Reitsch, die sich alles ansehen und anhören muß, meint dazu: »Wie immer führte er sich auf, als spräche er vor einer Legion Historiker, die gierig jedes seiner Worte aufsaugten und niederschrieben.«

Ihre Meinung, die sie auch früher schon von Goebbels' »Affektiertheit, seiner Oberflächlichkeit und seinen auswendig gelernten Rednertricks hatte, wurde wiederum vollauf bestätigt«.

Schon am Abend ihrer Ankunft ruft Hitler Hanna Reitsch zu sich und händigt ihr zwei Giftkapseln aus – für sie und Greim. Für den Notfall, erklärt er.

Dabei sagt er ihr auch, jeder sei dafür verantwortlich, daß sein Körper bis zur Unkenntlichkeit vernichtet werden würde.

In der Nacht zum 27. April steht die Reichskanzlei unter starkem Artilleriebeschuß. »Die Einschläge schwerer Granaten und das Dröhnen einstürzender Gebäude direkt über dem Bunker spannten bei jedem die Nerven auf das Äußerste an, irgendwo hinter einer Tür war Schluchzen zu hören.«

Am 27. April verschwindet Bormanns Kumpan und Himmlers Vertreter im Hauptquartier Hitlers – SS-Gruppenführer Fegelein, der mit Eva Brauns Schwester verheiratet ist – aus dem Bunker. Hitler gibt den Befehl, Fegelein zu suchen und festzunehmen. Schon in Zivilkleidung und Vorbereitungen zur Flucht treffend, wird er in seiner Berliner Wohnung gefaßt.

Fegelein bittet seine Schwägerin, sich für ihn zu verwenden.

Aber das hilft ihm nicht.

Auf Befehl Hitlers erschießen ihn SS-Leute am 29. April im Garten der Reichskanzlei.

In der Nacht zum 28. April nimmt der Beschuß der Reichskanzlei an Stärke zu. Für die Bunkerinsassen sitzen die Treffer erstaunlich genau, berichtet Hanna Reitsch. »Es schien, daß jede Granate an derselben Stelle wie ihre Vorgängerin einschlug. Am meisten bekam das Gebäude der Reichskanzlei ab. Jeden Moment konnten die Russen eindringen, und so wurde vom Führer der zweite Selbstmörderrat einberufen.«

Treueschwüre, Reden, Selbstmordbeteuerungen. Zum Schluß heißt es, so teilt Hanna Reitsch mit, die SS hätte den Auftrag erhalten, dafür zu sorgen, daß keinerlei Spuren zurückbleiben.

Am 28. April gelangt über ausländische Sender die Nachricht in den Bunker, daß sich Himmler über Schweden an die Engländer und Amerikaner mit dem Vorschlag gewandt habe, einen separaten Frieden zu schließen.*

Himmler, Führer der SS und Reichsinnenminister, ist nicht nur für Hitler ein Verräter. »Alle, Männer wie Frauen, weinten und schrien vor Wut, Furcht und Verzweiflung«, berichtet Hanna Reitsch, »alles vermischte sich in einen irrsinnigen Krampf.«

Eine gehässige Hysterie erfaßt alle, die durch Hitler zum unvermeidlichen Untergang verurteilt worden sind. Der Haß richtet sich gegen Himmler, der dem entschlüpft zu sein scheint.

Nach dem Zeugnis von Hanna Reitsch tobt Hitler »wie ein Irrsinniger. Sein Gesicht war rot und nicht wiederzuerkennen. Dann verfiel er in Apathie.« Bald darauf kommt die Meldung, daß sowjetische Truppen zum Potsdamer Platz vorgedrungen seien und Ausgangsstellungen zum Sturm auf die Reichskanzlei bezögen.

Hitler befiehlt dem verwundeten Greim und Hanna Reitsch, nach Rechlin zurückzukehren und unverzüglich alle noch vorhandenen Flugzeuge gegen Berlin zu schicken, um die Stellungen des Gegners zu vernichten. »Mit Hilfe der Luftwaffe wird es Wenck schaffen«, versteift er sich wieder auf Wenck.

Die zweite Aufgabe für Greim heißt: Himmler finden und verhaften. Nicht zulassen, daß er am Leben bleibt und Hitler beerbt.

Wie sehr auch Greim und Hanna Reitsch die Aussichtslosigkeit auf Erfolg ausmalen, Hitler besteht darauf.

Mit der letzten Aradomaschine, die am Brandenburger Tor eingegraben war, verlassen beide Berlin.

---

* Die Erschießung Fegeleins steht offenbar auch mit dem »Verrat« Himmlers im Zusammenhang. Als Himmlers Vertreter im Hauptquartier Hitlers ist Fegelein der Mitwisserschaft hinreichend verdächtig.

93

Berlin ist vom Hunger bedroht.

Die Wasserleitungen sind zerstört. Große Wäsche am Hydranten.

Hatte Hitler einen Plan?

Bei der Betrachtung der letzten Tage in der Reichskanzlei weisen Geschichtsforscher häufig und mit Recht auf den körperlichen Verfall und die geistige Zerrüttung hin, die in jenen Tagen bei Hitler deutlich zutage tritt. Sie vergessen dabei aber die Planmäßigkeit seiner Handlungen. Die Häufung hysterischer und lächerlicher Anfälle Hitlers erschwert es, eine bestimmte Folgerichtigkeit in seinen Taten zu erkennen.

Die hektischen Pläne, sich in Berchtesgaden oder in der von Goebbels gepriesenen Südtiroler Alpenfestung oder auch in Schleswig-Holstein zu verbergen, scheitern am Ansturm der Alliierten. Auf dem Flugplatz Gatow wartet Hitlers letztes Flugzeug auf den Abflug. Als das Flugzeug zerstört ist, wird in aller Eile in der Nähe der Reichskanzlei eine Startbahn gebaut. Doch sowjetische Artillerie vernichtet die für Hitler bestimmte Staffel. Obgleich sein persönlicher Pilot dennoch bei ihm bleibt, besteht praktisch keine Fluchtmöglichkeit mehr.

Von allen Seiten greifen unsere Truppen an.

Aus Berlin flüchten und den Amerikanern in die Hände zu fallen ist für Hitler keine Alternative. Er will versuchen, von Berlin aus mit den westlichen Alliierten, die seiner Meinung nach kein Interesse daran haben können, daß sowjetische Truppen Deutschlands Hauptstadt einnehmen, zu verhandeln und dabei erträgliche Bedingungen für sich herauszuschlagen. Doch Verhandlungen werde es nur geben, so glaubt Hitler, wenn sich die militärische Lage um Berlin verbessserte.

Ob dieser Plan real und realisierbar ist, steht auf einem anderen Blatt. Man muß diese Überlegungen jedoch ins Kalkül ziehen, wenn man die letzten Tage im Bunker bewertet. Hitler weiß, daß selbst eine vorübergehende Verbesserung der Lage in Berlin an der allgemeinen katastrophalen militärischen Lage Deutschlands wenig ändert. Aber sie ist, so meint er, eine notwendige politische Voraussetzung für die Verhandlungen, an die er Hoffnungen knüpft. Mit der Besessenheit eines Irren versteift er sich deshalb auf die Armee Wenck. Ohne Zweifel ist Hitler völlig unfähig, die Verteidigung Berlins zu leiten. Doch nicht diese Tatsache, sondern seine Intentionen sind zu bedenken.

Bei der Durchsicht des Schriftguts entdecke ich einen von Bormann und Krebs unterschriebenen Brief. Er ist an General Wenck gerichtet und in der Nacht zum 29. April einem Melder übergeben worden. Dieser Brief scheint mir ein wichtiges Dokument zu sein, das Licht auf die letzten Pläne Hitlers wirft.

Der Brief gelangt am 7. Mai in unsere Militärkommandantur in Spandau.

Ein gewisser Josef Brychzy, ein Junge von siebzehn Jahren, gelernter Elektriker und im Februar 1945 zum Volkssturm eingezogen, dient in einer Panzerjägereinheit, die das Regierungsviertel verteidigt. In der Nacht zum 29. April werden er und ein anderer sechzehnjähriger Junge aus der Kaserne in der Wilhelmstraße von einem Soldaten in die Reichskanzlei geholt.

Dort führt man sie zu Bormann.

Dieser erklärt ihnen, daß sie für eine verantwortungsvolle Aufgabe auserwählt worden seien. Sie sollen sich durch die Front schlagen und dem General Wenck, Befehlshaber der 12. Armee, einen Brief bringen. Mit diesen Worten händigt er jedem ein Päckchen aus.

Vom Schicksal des zweiten Jungen weiß Brychzy nichts. Ihm selbst gelingt es, im Morgengrauen des 29. April auf einem Motorrad aus dem eingekreisten Berlin herauszukommen. General Wenck werde er, wie ihm gesagt wurde, im Dorf Ferch südwestlich von Potsdam finden. Nachdem er sich bis Potsdam durchgeschlagen hat, scheint die Mission beendet: Keiner, den er fragt, hat von einem Stab

Wenck gehört. Also beschließt er nach Spandau zu fahren, wo sein Onkel lebt.

Der Onkel rät ihm, nirgends mehr hinzufahren, sondern das Päckchen in der sowjetischen Militärkommandantur, die es dort inzwischen gibt, abzugeben. Brychzy wartet einige Tage und bringt es am 7. Mai in die Kommandantur. Der Text des Briefes lautet:

»Werter General Wenck!

Wie aus den beiliegenden Meldungen zu sehen ist, hat der Reichsführer SS, Himmler, den Anglo-Amerikanern einen Vorschlag gemacht, der unser Volk bedingungslos den Plutokraten ausliefert.

Eine Wende kann nur vom Führer selbst herbeigeführt werden und nur von ihm!

Die Vorbedingung dafür ist die unverzügliche Herstellung einer Verbindung zwischen der Armee Wenck und uns, damit auf diese Weise der Führer innenpolitische und außenpolitische Handlungsfreiheit für Verhandlungen gewinnt

Ihr Krebs,
Chef des Generalstabs
Heil Hitler,
Ihr M. Bormann.«

Bittermandelgeruch

In den letzten Tagen Hitlers tritt die widerliche Heuchelei seines Daseins besonders plastisch hervor, eines Lebens, in dem es kein anderes Pathos gibt als das Pathos der Macht über die Menschen und kein anderes wahres Ziel, als sich selbst zu preisen. Mittel dafür ist ihm das deutsche Volk.

Solange er atmet, mordet er. Der Hof der Reichskanzlei wird zur Richtstätte: Dort finden die Erschießungen statt.

Hitler droht, doch die »Verräter« vermehren sich. Der Kommandant von Berlin, Weidling, bittet Hitler, die Stadt zu verlassen, damit Berlin den Kampf einstellen könne und nicht völlig vernichtet werde. Hitler ist besiegt und steht kurz vor dem Tod. Doch das Volk soll seinen Untergang teilen. Mit zynischen Worten erklärt er: »Die Alliierten werden in Deutschland nur Ruinen, Ratten, Hunger und Tod finden.«

So sehr die Nazigauleiter vor Bormann auch zittern, in ihren Meldungen, die in seiner Mappe erhalten geblieben sind, spürt man die wachsende Verzweiflung. Die Meldungen werden kürzer, dringlicher: unerträglicher Beschuß des Gegners, schwere Verluste, Mangel an Waffen. Es ist unmöglich, dem Druck der russischen Truppen standzuhalten ...

Doch wen kümmerte das!

Im Bunker halten sie schon »Selbstmörderrat«, wie es Hanna Reitsch nennt. Goebbels' »Panzerbär« vom 27. April, der uns in die Hände fällt, appelliert jedoch zum Weiterkämpfen: »Schon sind in verschiedenen Räumen die Kräfte aufmarschiert und bereitgestellt, die Berlin dabei unterstützen, den Bolschewisten eine entscheidende Niederlage beizubringen und auch das Schicksal unserer Stadt in letzter Stunde zu wenden.

Die bisher vorliegenden Meldungen bestätigen gute Anfangserfolge. Und die Kampfgruppen, die von außen her eingreifen, wissen, wie sehr Berlin auf sie wartet. Sie werden sich auch weiter fanatisch zu unserer Rettung herankämpfen.«

In Bormanns Tagebuch steht am 27. April jedoch anderes. Die Notiz unterscheidet sich von den vorangegangenen, die meist sachlich sind. Diesmal ist die Notiz emotioneller Art:

»Freitag, 27. April

Himmler und Jodl halten die zu unserer Verstärkung bestimmten Divisionen zurück. Wir werden kämpfen und sterben mit unserem Führer, treu bis in den Tod.

Andere denken, von ›höherer Warte‹ zu handeln, sie opfern ihren Führer – pfui, was für ein Gesindel! Sie haben jede Ehre verloren.

Unsere Reichskanzlei wird zur Ruine [...]

Die Alliierten verlangen von uns bedingungslose Kapitulation – das wäre Verrat an der Heimat!

Fegelein wurde degradiert – er versuchte aus Berlin zu fliehen, in Zivil.«

Sie versichern ihrem Führer, daß sie ihm ins Grab folgen wollen.

Sie denken mehrheitlich jedoch gar nicht daran zu sterben. Wie aus dem erwähnten Telegramm Bormanns an seinen Adjutanten Hummel hervorgeht, versichert er sich eines Asyls weit weg von Deutschland. Mit einem Wort: Sie bereiten sich zum Handeln vor, zur Rettung ihrer eigenen jämmerlichen Person. Doch einzig Hitler hält sie noch zurück.

»Schon der zweite Tag beginnt mit Trommelfeuer«, notiert Bormann am 29. April. »In der Nacht vom 28. zum 29. April meldete die ausländische Presse Himmlers Kapitulationsangebot.

Trauung Adolf Hitlers mit Eva Braun. Der Führer diktiert sein politisches und sein persönliches Vermächtnis.

Die Verräter Jodl, Himmler und die Generale überlassen uns den Bolschewisten.

Wieder Trommelfeuer.

Der Gegner meldet, die Amerikaner sind in München eingedrungen!«

Über den ausländischen Rundfunk wurde eine ausführliche Nachricht der Agentur Reuter vom separaten Friedensangebot Himmlers an die Anglo-Amerikaner verbreitet. Die Meldung wird von der Sekretärin Junge in riesigen Buchstaben abgeschrieben und dann Hitler übergeben.

»Die Regierung Seiner Majestät ist bevollmächtigt, noch einmal zu betonen, daß nur von einer bedingungslosen Kapitulation, wie sie von allen drei Großmächten vorgeschlagen wurde, die Rede sein kann und daß zwischen den drei Staaten strengste Einmütigkeit besteht.«

Am selben Tag, dem 29. April, nach dem Abflug Greims, dem Hitler befohlen hat, nach Rechlin zu fliegen und alle noch vorhandenen deutschen Flugzeuge zur Unterstützung der mysteriösen Armee Wenck gegen Berlin zu schicken, verbreite sich schließlich auch in der Reichskanzlei das Gerücht, das diese Armee nicht existiere.

Über Rundfunk wird gemeldet, daß Mussolini und seine Geliebte Petacci von Partisanen hingerichtet worden sind. Hitler und Eva Braun wissen nun, welches Schicksal ihnen beschieden sein könnte.

»Nach dem Durchbruch der russischen motorisierten Einheiten im Raum des Anhalter Bahnhofs und des Königplatzes sorgte sich der Führer, er könnte den rechten Augenblick für den Selbstmord verpassen«, sagt später sein Adjutant Günsche aus.

Der Chefarzt des Lazaretts der Reichskanzlei, Prof. Haase, wird gerufen, um an Blondie die Wirkung des Gifts zu erproben. Hitler beobachtet interessiert das konvulsivische Verhalten des Hundes.

Dann bereitet er seine Trauung vor.

Indessen führen deutsche Soldaten vor den Mauern der Reichskanzlei einen aussichtslosen Kampf. Im Tunnel der U-Bahn am Potsdamer Platz quälen sich Verwundete, sie haben weder Wasser noch

Brot. Hitler wirft seine letzte Reserve, halbwüchsige Hitlerjungen, an die Pichelsdorfer Brücken. Halbwüchsige werden zur Verteidigung der Reichskanzlei eingesetzt. Eine der vielen gewissenlosen Untaten jener Tage.

»Die Jungen sind erschöpft und haben nicht mehr die Kraft zum Kämpfen«, lese ich in den Meldungen vom 22. April an Bormann.

Am selben Tage heißt es in einer anderen Meldung, daß der Reichsjugendführer Axmann beabsichtige, mit seinen engsten Mitarbeitern in das Haus Nr. 63/64 in der Wilhelmstraße umzuziehen. »Zur Verstärkung der Verteidigung möchte er das Haus mit 40-50 Hitlerjungen belegen. Der Reichsjugendführer bittet um das Einverständnis des Reichsleiters zur Durchführung seines Plans.«

Er bekommt die Zustimmung.

Aus den Bezirken Charlottenburg und Spandau wird am 26. April gemeldet, daß sich die deutschen Soldaten unter dem Ansturm der sowjetischen Einheiten zurückziehen müssen: »Die Hitlerjugend sollte eine Brücke halten, aber das überstieg ihre Kräfte.«

Sinnlos sterben die verblendeten Jungen.

Goebbels stachelt sie im »Panzerbär« vom 27. April an: »Der Reichsjugendführer Axmann erhielt gestern das Deutsche Kreuz in Gold [...] Gestern Abend verlieh der Führer in seinem Hauptquartier Axmann die Auszeichnung mit den Worten: ›Ohne Ihre Jugend wäre es weder hier in Berlin noch in ganz Deutschland möglich, den Kampf überhaupt fortzusetzen.‹ Axmann entgegnete ihm: ›Das ist Ihre Jugend, mein Führer!‹«

Die betrogenen Jungen glauben, sie verteidigen Deutschland, und sie fallen. Im Bunker aber wird Hochzeit gefeiert, richtiger: eine Trauerfeier veranstaltet. Der Tod sitzt mit am Tisch. Die Braut trägt schwarz.

Über zehn Jahre hat Hitler mit Eva Braun zusammengelebt, die vorher in München im Fotoatelier Hoffmann gearbeitet hatte. Mit diesem Fotografen, der in der Folgezeit durch das Monopol auf Hitlerbilder reich geworden war, begleitete Eva Braun Hitler, der sich auf seinen Propagandareisen vor der Machtübergabe außergewöhnlich gern fotografieren ließ.

Hitler nahm sie in sein Haus in Berchtesgaden, und dort war sie Hausherrin. In Berlin lebte er allein: Die Nazipropaganda rühmte die Askese des »Führers«.

Die Bunkerwände vibrieren unter den Einschlägen der Granaten. Hier in der Gruft ohne Hoffnung ist die Atmosphäre unheimlich.

»Jeder war mit sich selbst beschäftigt, mit seinen Erlebnissen, mit der Suche nach einem Ausweg für sich. Einige verzweifelten, suchten schon nicht mehr nach Rettung, saßen in eine Ecke gedrückt und blickten keinen an. So warteten sie auf das unvermeidliche Ende. Andere wieder gingen ans Büfett, ertränkten ihren Kummer in Kognak und Wein aus den Kellern des Führers«, beschreibt Rattenhuber in seinen Aufzeichnungen jene Stunden.

Die SS-Wachen sichern die Reichskanzlei. Im Garten verdrängen Rauch und Ruß die Luft zum Atmen. Berlin brennt, Häuser stürzen ein, Granaten explodieren. Schüsse sind bis hierher zu hören.

In den Korridoren des Bunkers stöhnen die Verwundeten, in der Nähe gibt es keine andere schützende Unterkunft.

In dieser Situation findet die Trauung statt. Ein Beamter, von Goebbels herbeigeholt, schließt die Ehe. Er bittet, mit Unterschrift zu bestätigen, daß »sie rein arischer Abstammung und mit keiner die Eheschließung ausschließenden Erbkrankheit befallen sind«.

Eine makabre Komödie.

Dann wird im engen Kreis ein Frühstück mit Sekt eingenommen. Am hochzeitlichen Leichenschmaus nimmt auch Magda Goebbels teil. Einst war Hitler auf ihrer Hochzeit Trauzeuge gewesen.

In Magda Goebbels' Papieren sind Bruchstücke eines Gesprächs mit Hitler erhalten geblieben. Als sie ihres Gatten überdrüssig ist und ihn verlassen will (dieser Apostel der Nazimoral wurde wegen seiner Vorliebe für Filmschauspielerinnen »Babelsberger Bock« genannt), bat Hitler sie, bei ihm zu bleiben und so die Familie zu erhalten. Sie als »Parteigenossin« habe ebenfalls eine Mission zu erfüllen.

Hitler spielt dem Volk den Asketen vor, der die irdischen Güter verachtet und nur den Dienst am Volke kennt. Und Magda Goebbels und ihr Gatte, der sie betrog, stellen die vorbildliche kinderreiche Familie dar ...

Im Bunker macht sich Hitler daran, sein Testament zu diktieren.

Die Armee Wenck hat sich in Nichts aufgelöst. Die Amerikaner – Hitler hatte bereits am 21. April die Truppen von der Elbe zurückgezogen und ihnen den Weg nach Berlin geöffnet – sind noch fern. Von der Wilhelmstraße aber, wo sich jener Eingang in die Reichskanzlei befand, durch den Goebbels Jahre zuvor unbemerkt zu Hitlers Geheimsitzungen gegangen ist, wird gemeldet: »Die Russen sind auf zweihundert Meter heran.«

Da kommt der erlösende Griff zur Giftampulle. Zwei SS-Männer schleppen Hitlers Leiche durch den Notausgang aus dem Bunker, um sie zu verbrennen.

Zwei Wochen darauf schreibt der Adjutant Günsche: »Nachdem die Leichen mit Benzin übergossen und angezündet worden waren, wurde die Bunkertür wegen des starken Feuers und des Rauchs sofort geschlossen. Alle begaben sich in den Vorraum [...] Die Tür zu den persönlichen Räumen des Führers war halb geöffnet, und von dort ging ein starker Mandelgeruch aus (Zyankali).«

Im Tagebuch Bormanns wird der Tod Hitlers und Eva Brauns am 30. April 1945 verzeichnet.

Am 1. Mai aber, offenbar nach der Rückkehr von Krebs, den Goebbels mit der Bitte um Waffenstillstand zu General Tschuikow geschickt hatte, steht nur ein Satz bei Bormann: »Ausbruchsversuch aus dem Kessel!« Dann bricht das Tagebuch ab.

Zurück bleiben nur diejenigen, die weniger als andere eine Abrechnung zu fürchten haben. Alle übrigen flüchten nach dem Tod Hitlers.

Goebbels sagt zu Vizeadmiral Voss, daß für ihn ein Ausbruchsversuch sinnlos wäre. Er, Goebbels, sei dem Tode geweiht. Er gilt als des Führers treuer Hund.

Mit jedem »Verrat« stieg Goebbels eine Stufe höher zum ersehnten Ziel, zweiter Mann im Reich zu werden.

Einen Tag nach der Hochzeit, als die Soldaten der Roten Armee schon in den Reichstag eingedrungen sind, überläßt Hitler Goebbels den Posten des Reichskanzlers.

Goebbels nimmt den Posten an, um sich zwei Tage später selbst zu vergiften.

Das fehlende Kettenglied

Ich eile etwas voraus. Gegen Ende unserer Nachforschungen nimmt Oberstleutnant Klimenkos einen SS-Mann namens Harry Mengershausen fest. Das ist ein riesiger Bursche in Zivil. Die engsitzende Kleidung spannt über den Schultern. Aus den kurzen Ärmeln ragen gewaltige Hände hervor. Major Bystrow verhört ihn im Hof der Reichskanzlei, und ich übersetze.

»Am 30. April hielt ich an der Reichskanzlei Wache«, berichtet Mengershausen. »Ich schritt den Gang entlang, an dem die Küche und das grüne Speisezimmer lagen. Außerdem beobachtete ich den Garten, weil achtzig Meter vom grünen Speisezimmer entfernt der Führerbunker lag.

Als ich mich auf dem Gang der Küche näherte, trat ein Bekannter, der Pilot des Führers, Hans Baur, heraus. Er sagte mir, daß sich Hitler in seinem Bunker erschossen hätte. Ich erkundigte mich nach der Frau des Führers. Baur antwortete, sie läge auch tot im Bunker, aber er wisse nicht, ob sie sich vergiftet oder erschossen habe.

Mit Baur unterhielt ich mich nur wenige Minuten, er eilte in die Küche. In dieser Küche wurden die Speisen für Hitlers Gefolge bereitet. Bald darauf kehrte er zurück in den Bunker.

Ich glaubte nicht der Mitteilung Baurs über den Tod Hitlers und seiner Frau und setzte den Patrouillengang auf meinem Abschnitt fort.

Noch keine Stunde war seit der Begegnung mit Baur vergangen, und ich betrat gerade die Terrasse – sie war etwa sechzig bis achtzig Meter vom Bunker entfernt –, als ich plötzlich sah, wie aus dem Notausgang des Bunkers der persönliche Adjutant, Sturmbannführer Günsche, und Hitlers Diener, Sturmbannführer Linge, die Leiche Hitlers heraustrugen und sie zwei Meter vor dem Ausgang niederlegten.

Sie kehrten um und trugen einige Minuten später die tote Eva Braun heraus, die sie daneben legten.

In der Nähe der Leichen standen zwei Zwanzig-Liter-Kanister mit Benzin. Günsche und Linge übergossen die Leichen mit Benzin und zündeten sie an.«

Major Bystrow läßt mich fragen, ob noch jemand aus der Wache der Reichskanzlei gesehen habe, wie die Leichen Hitlers und Eva Brauns verbrannt worden seien.

Mengershausen weiß es nicht genau. »Von allen Posten stand ich zu jenem Zeitpunkt dem Bunker Hitlers am nächsten.«

Er beugt sich vor und zeichnet mit einem Holzspan den Plan des Gartens auf die Erde.

So wird das fehlende Kettenglied ersetzt: Ein Teilnehmer oder Zeuge der Verbrennung ist gefunden, der besonders in der ersten Etappe, während der Suche nach Hitler, so wichtig gewesen wäre.

Mengershausen hat von seinem Posten aus nur Günsche und Linge sehen können.

Im Bunker suchen indessen Goebbels, Bormann und Dr. Stumpfegger Schutz vor den Geschossen.

Zu jener Zeit ist der Alexanderplatz noch schwer umkämpft. Die Reichskanzlei liegt unter starkem Beschuß. Granaten heulen, Einschläge krachen, schütten Berge von Erde auf, Fensterglas splittert und schwirrt durch die Luft. Windböen zerren an der Kleidung der Leichen. Das Feuer flackert und geht aus, nachdem des Benzin verbrannt ist. Die SS-Leute übergießen die Körper erneut und zünden sie an.

Tags zuvor hat Mengershausen erklärt, daß er den Ort zeigen könne, wo die SS-Männer die Leichen mit Erde bedeckt haben.

Er weiß nicht, daß sie von dort bereits abtransportiert worden sind.

Ein Protokoll wird aufgesetzt, nachdem man mit Mengershausen im Garten gewesen ist.

»1945, 13. Mai, Berlin

Wir, die Endunterzeichneten Oberstleutnant Klimenko, Oberleutnant Katyschew, Gardemajor Gabelok, Gardeunterleutnant Kalaschnikow, die Soldaten Olejnik, Tschurakow, Nowasch, Mjalkin besichtigten im Beisein des Zeugen Mengershausen, Harry, die Stelle, wo die Leichen des Reichskanzlers Adolf Hitler und seiner Frau begraben wurden. [...] Die Besichtigung des Ortes, der vom Zeugen Mengershausen gezeigt wurde, erbrachte die Richtigkeit seiner Aussagen [...]

Die Richtigkeit seiner Aussagen wurde bestätigt, als von uns aus dem bezeichneten Trichter am 4. Mai 1945 die verkohlten Leichen eines Mannes und einer Frau herausgezogen worden waren sowie zwei vergiftete Hunde, die von anderen Zeugen als Eigentum Hitlers und seiner Frau, der ehemaligen Privatsekretärin Ive Braun*, erkannt wurden.

Ein nach Augenmaß angefertigter Plan des Ortes, wo die Leichen Hitlers und seiner Frau gefunden, und Fotos der Stellen, die vom Zeugen Mengershausen bezeichnet wurden, liegen dem Protokoll bei.«

Später erzählt man mir im Stab, daß dort der SS-Mann Mengershausen in seiner schriftlichen Aussage angegeben habe, er habe nicht nur beobachtet, wie Hitler verbrannt worden sei, sondern selbst an der Verbrennung teilgenommen.

Worin seine Teilnahme bestand, erfahre ich nicht.

In den Aufzeichnungen seines Vorgesetzten Rattenhuber lese ich: »Die Körper von Hitler und Eva Braun brannten schlecht, und ich ging hinunter und kümmerte mich um weiteren Brennstoff. Als ich wieder nach oben kam, waren die Leichen schon ein wenig mit Erde bedeckt, und der Posten Mengershausen erklärte mir, daß es bei diesem unerträglichen Gestank unmöglich sei, Wache zu halten.

---

* Der Name und die Stellung von Eva Braun sind falsch angegeben.

Und so hätten er und ein anderer SS-Mann auf Anweisung von Günsche sie in die Grube gestoßen, wo der vergiftete Hund Hitlers lag.«

Weiter beschreibt Rattenhuber das Verhalten der Bunkerbewohner, die, als der Tod des Führers bekannt wurde, sich mit Fluchtvorbereitungen beschäftigen.

Er erwähnt Mengershausen noch einmal: »Ich war über die berechnende Art des SS-Mannes Mengershausen erstaunt, der, in Hitlers Zimmer eingedrungen, von Hitlers Rock, der über dem Stuhl lag, das goldene Abzeichen entfernte, in der Hoffnung, daß in Amerika für diese Reliquie teuer bezahlt würde.«

Noch einmal Ampullensplitter

Hitler ist tot. Alles steht fest, alles ist klar. Zu diesem Ergebnis waren wir bereits gekommen, bevor wir auf Mengershausen stießen.

Einige Abteilungen des Stabes sind am Stadtrand von Berlin einquartiert. Vor dem Haus, das uns zugewiesen worden ist, steht ein Wagen mit Gerümpel und Lebensmitteln. Vorn ist eine rotweißgrüne italienische Flagge befestigt. Eine Kuh wartet, am Wagen angebunden, geduldig auf ihre Herren.

Wir steigen in die Wohnung hinauf, aus der uns Klaviermusik entgegenschallt. Die Türen stehen offen. In einem großen Zimmer sitzen Italiener in abgerissener, schmutziger Kleidung mit großen Pappschachteln auf den Knien und lauschen gedankenverloren den Klängen. Ein junger wuschelköpfiger Musikant schlägt selbstvergessen auf die Tasten. Eine wunderschöne Puppe sitzt auf dem Flügel, sie entstammt so einer Pappschachtel. Auf ihrem Wege sind die Italiener an einem Großhandelslager für Puppen vorbeigekommen, und jeder hat sich eine mitgenommen.

Als sie uns bemerken, erheben sie sich lächelnd von den Plätzen. Unsere auf deutsch gestellten Fragen beantworten sie hartnäckig mit Kopfschütteln. Sie wollen nicht in der Sprache des Feindes sprechen.

Eine Flut von Gesten und Ausrufen ergießt sich über uns. Sie reden durcheinander, legen beteuernd die Hand aufs Herz. Der Klavierspieler ergreift die Puppe auf dem Flügel und bietet sie uns an. Alle lärmen und klopfen ihm zustimmend auf den Rücken. Singend ziehen sie von dannen und nehmen ihre Pappschachteln mit. Unten warten der Wagen mit den Bündeln und die Kuh, die ihre neuen Herren auf dem langen Wege nach Italien ernähren soll.

Wir liegen in Berlin-Buch. Hier seziert eine Kommission von Militärärzten unter Vorsitz von Oberstleutnant Schkarawski die Leichen aus dem Garten der Reichskanzlei. »Am vom Feuer beträchtlich verstümmelten Körper konnten keine sichtbaren Spuren tödlicher Verletzungen oder Erkrankungen festgestellt werden [...] Im Mund wurden Glassplitter gefunden, Teile der Wände und des Bodens einer dünnwandigen Ampulle.«

Nach gründlicher Untersuchung kommt die Kommission zu dem Schluß: »Der Tod trat im Ergebnis einer Vergiftung durch Zyankaliverbindungen ein.«

Anzeichen anderer Todesursachen werden nicht festgestellt.

Noch immer behaupten einige, daß Hitler sich erschossen habe. Die einen sind schlecht informiert, die anderen möchten die Umstände seines Todes glorifizieren.

Doch daran ist nicht zu rütteln: Hitler hat sich schlicht vergiftet.

Und was ist mit jenen Zeugen, die einen Schuß gehört haben wollen und daraus schlossen, daß sich Hitler eine Kugel in den Kopf gejagt habe? Diese Version nämlich verbreitete sich schnell in der Reichskanzlei. Selbst Hitlers Pilot Baur, der bald darauf Mengershausen begegnet war, erzählte diesem davon.

Auch andere Personen aus dem Gefolge Hitlers sagten das aus.

War nun tatsächlich im Zimmer Hitlers geschossen worden, oder schien es denjenigen, die vor der Tür auf sein Ende warteten, nur so?

Ja, ein Schuß fiel.

Aber wer hatte ihn abgegeben?

Bei der medizinischen Untersuchung der Leiche Eva Brauns konstatierte die Kommission, die am 8. Mai ihren Tod als Folge einer Vergiftung festgestellt hatte, auch »Zeichen einer Brustkorbverletzung mit Hämotothorax, einer Verletzung der Lungen und des Herzens und sechs kleine Metallsplitter«.

Was mochte das bedeuten?

Die Aussagen Rattenhubers bringen Licht in diese Angelegenheit.

»Etwa gegen drei oder vier Uhr am Tage betrat ich den Vorraum und verspürte einen starken Bittermandelgeruch. Mein Stellvertreter Högl berichtete mir erregt, daß der Führer soeben Schluß gemacht hätte [...]

Im selben Augenblick trat Linge zu mir und bestätigte die Nachricht vom Tode Hitlers. Dabei erklärte er mir, daß er den bittersten Führerbefehl seines Lebens ausführen mußte.

Ich blickte Linge erstaunt an. Er setzte mir auseinander, daß Hitler ihm vor dem Tode befohlen hätte, für zehn Minuten das Zimmer zu verlassen, dann erneut einzutreten, noch zehn Minuten zu warten und den Befehl auszuführen. Dann ging Linge schnell in Hitlers Zimmer und kehrte mit einer Waltherpistole zurück, die er vor mir auf den Tisch legte. An der Ausstattung erkannte ich die persönliche Pistole des Führers. Jetzt wurde mir klar, worin der Befehl Hitlers bestanden hatte.

Hitler zweifelte offensichtlich an der Wirksamkeit des Giftes wegen der zahlreichen Spritzen, die er lange Zeit täglich erhalten hatte, und befahl Linge, ihn, nachdem er Gift eingenommen hatte, zu erschießen [...] Der Reichsjugendführer Axmann, der bei unserem Gespräch zugegen war, nahm Hitlers Pistole an sich mit der Bemerkung, er möchte sie für bessere Zeiten aufheben.«

Wahrscheinlich kannte Rattenhuber einen Umstand noch nicht, der Hitler dazu trieb, Linge diesen Befehl zu erteilen. Als nämlich das Gift an zwei Hunden, einer Hündin und einem Hundejungen, erprobt wurde, kämpfte das Junge noch lange mit dem Tode, und sie mußten es am Ende erschießen.

Das konnte bei der Obduktion der im Trichter gefundenen Hunde festgestellt werden, obgleich es anfangs übersehen worden war.

Die Ärzte gelangten zu der Auffassung: »Wie die Hunde getötet wurden, kann man sich so vorstellen: Zuerst wurden sie mit einer wahrscheinlich nicht sehr großen Dosis Zyankali vergiftet, und dann wurde der vergiftete Hund in der Agonie erschossen.«

Hitler, der beobachtet hatte, wie die vergifteten Hunde starben, mochten Zweifel an der schnellen Wirkung des Giftes gekommen sein.

»Linge hat auf Hitler geschossen«, erklärte Rattenhuber – nicht wissend, daß die Kugel Eva Braun getroffen hatte.

Wenn Tyrannen sterben, tritt im ersten Moment eine Verwirrung ein: Ist denn so etwas möglich, bestehen sie denn auch aus sterblichen Zellen? Dann werden die Umstände ihres Todes, falls sie ein wenig verschleiert sind, mit Legenden verbrämt.

Bei Hitler eröffneten sich dafür alle Möglichkeiten.

Es war keineswegs so, wie Großadmiral Dönitz über den Rundfunk verbreiten ließ, Hitler sei, »bis zum letzten Atemzuge gegen den Bolschewismus kämpfend, gefallen«.

Es war nicht so, wie der Reichsjugendführer Axmann, der Hitlers Pistole wegtrug, erklärte, er habe auch Hitlers Asche fortgeschafft.

Es war nicht so, wie Hitlers Chauffeur Kempka in seinem Buch »Ich habe Adolf Hitler verbrannt« theatralisch bekundete, daß Hitlers Blut und die blutroten Blumen in der Vase sich zu einem Bukett vereinigten.

Und es war nicht so, wie es der Diener Heinz Linge sagte, daß er nämlich auf Hitler geschossen habe, und auch nicht so, wie der englische Historiker Trevor-Roper in seinen sonst ernstzunehmenden, 1965 erschienenen Untersuchung (»Hitlers letzte Tage«) folgerte: »Was immer die Erklärung sein mag, Hitlers letzter Ehrgeiz ist erfüllt worden. Wie Alarich, der heimlich unter dem Flußbett des Busento begraben wurde, ist der moderne Vernichter der Menschheit jetzt vor Entdeckung sicher.«

Die Rote Armee erreichte nach vierjährigem pausenlosem schweren Kampf Berlin und befreite die Menschheit vom Faschismus. Diejenigen, die den Auftrag erhalten hatten, die Wahrheit über das Ende Hitlers festzustellen, erfüllten mit großer Verantwortung ihre Aufgabe. Dabei schien ihnen jede Unklarheit schädlich. Sie würde Legenden gebären, die nur einer Wiedergeburt des Nazismus dienen konnten.

»Hitler – Leiche oder Legende?« war ein Artikel überschrieben, der im Mai 1945 von der englischen Nachrichtenagentur Reuter verbreitet wurde. »Die Untersuchung dieser menschlichen Überreste«, so heißt es dort, »stellt den Höhepunkt wochenlanger, anstrengender Nachforschungen in den Ruinen dar. Die Nachforschungen wurden von Soldaten der Roten Armee betrieben, die unwiderlegbare Beweise vom Tode Hitlers herbeischafften.«

Wir hofften von Tag zu Tag, daß diese unwiderlegbaren Beweise bekannt würden. Das Volk, das so viele Opfer für den Sieg über den Faschismus gebracht hatte, hatte das Recht zu erfahren, daß auch der I-Punkt auf diesen Krieg gesetzt worden war.

An den Nachforschungen und auch an den ersten Untersuchungen nahmen viele Menschen teil. Doch am 8. Mai 1945 waren die Aufklärer bereits wieder zu ihren Korps und Divisionen zurückgekehrt, und die Gruppe des Obersten Gorbuschin war ziemlich klein geworden. Zu ihr zählte neben Major Bystrow eigentlich nur noch der Dolmetscher – ich.

Wir fragten uns: Wenn wir nicht jetzt auf der noch heißen Spur der Ereignisse der ganzen Welt und unseren Nachkommen unanfechtbare Beweise vorlegen, sondern erst in fernen Jahren, in unbestimmter Zukunft – ob sie wohl dann noch genügend Beweiskraft haben? Hatten wir auch alles getan, damit die Tatsache vom Tode Hitlers und von der Auffindung seiner Leiche auch in späteren Jahren unanfechtbar bliebe?

In dieser Situation entschloß sich Oberst Gorbuschin, unbestreitbare Beweise zu sammeln.

Auf einer Straße in Berlin.

Berliner Einwohner kehren in ihre Stadt zurück.

Trümmer über Trümmer.

Eine von der sowjetischen Militäradministration eingerichtete Verpflegungsstelle.

Das entscheidende Argument

Am 8. Mai, jenem Tage, als in Karlshorst die Kapitulation Deutschlands unterzeichnet wird – was ich damals nicht bemerkte –, ruft mich Oberst Gorbuschin zu sich und schiebt mir ein Kästchen entgegen. Er sagt, daß Hitlers Zähne darin seien und ich mit meinem Kopf für sie hafte.

Das Kästchen ist abgegriffen, hat eine weinrote Farbe und ist mit weichem Futter aus Atlasseide ausgestattet – ein Kästchen, wie es für Schmuck verwendet wird.

Darin liegt nun das entscheidende Argument, das unwiderlegbare Beweisstück vom Tod Hitlers: Es gibt in der ganzen Welt keine zwei Menschen, deren Gebisse sich völlig gleichen.

Dieses Kästchen wird mir übergeben, weil der Safe bei der 2. Abteilung zurückgeblieben ist und angeblich ein sicherer Aufbewahrungsort gefunden werden konnte.

Meine Weggefährten auf dem langen Weg nach Deutschland, die mich an diesem Tage in der Kantine und bei der Arbeit mit diesem Kästchen sehen, ahnen nichts von seinem Inhalt.

Alles, was mit dem Nachweis vom Tode Hitlers zusammenhängt, wird unverändert streng geheimgehalten.

Es belastet mich natürlich, dieses Kästchen ständig mit mir herumzuschleppen. Der Gedanken macht mich zittern, ich könnte es irgendwo aus Versehen liegenlassen.

Als ich mich gegen Mitternacht schlafen lege, denke ich, als ich die Tür verschließe, wieder an das Kästchen. Es ist mir zuwider, Hitlers Zähne bei mir zu wissen. Das Zimmer, das mir im Erdgeschoß des einstöckigen Häuschens zugewiesen wurde, ist klein. Außer einem Bett und einem Nachtschränkchen findet nur noch ein halbhoher Kleiderschrank Platz. Darauf stelle ich das Kästchen, damit ich mich beim Erwachen sofort vergewissern kann, daß es noch unberührt dasteht.

Morgens werde ich gerufen. Ich nehme das Kästchen und steige die steile Holztreppe zum ersten Stock empor, woher der Ruf kam.

Die Tür zum Zimmer steht weit offen. Major Bystrow und Major Pitschko lauschen am Radio und recken gespannt die Hälse. Es ist eigenartig – schließlich sind wir ja darauf vorbereitet –, als aber der Sprecher die »Unterzeichnung der bedingungslosen Kapitulation der deutschen Streitkräfte« verkündet, erstarren wir vor Erregung.

»Zur Feier der siegreichen Beendigung des Großen Vaterländischen Krieges ...«

Wir schreien durcheinander und schwenken die Arme.

Dann versinken wir in Schweigen. Still schenken wir den Wodka ein. Nachdenklich stoßen wir mit den Gläsern an, innerlich immer noch erregt, hellwach unter dem Krachen der Salutschüsse, die weit aus Moskau durch den Äther klingen.

Ich steige die Treppe hinunter zum Erdgeschoß und presse das Kästchen an mich. Mir ist, als bekomme ich einen Stoß, und ich halte mich am Geländer fest. Ein Gefühl, das ich niemals vergessen werde, erschüttert mich. Mein Gott, bin ich das, die in der Stunde der Kapitulation Deutschlands mit Hitlers Resten hier stehe?

Am Morgen des 9. Mai ist in Berlin-Buch alles auf den Beinen. Arm in Arm schlendern die Rotarmisten über die Straße in der Erwartung eines außergewöhnlichen Ereignisses, eines unbeschreibbaren Festes und einer Lust, womit dieser langersehnte Tag des Sieges gefeiert werden müßte. Schon wird hier und da getanzt und gesungen.

Oberst Gorbuschin und ich fahren mit einem neuen Auftrag davon.

Wir sollen Hitlers Zahnarzt suchen.

Im Bericht der gerichtsmedizinischen Untersuchung hieß es: »Der wichtigste anatomische Fund, der zur Identifizierung der Person benutzt werden kann, ist das Gebiß mit einer großen Zahl von Brücken, künstlichen Zähnen, Kronen und Plomben.«

Im Protokoll, auf das sich diese Schlußfolgerung bezog, stand eine ausführliche Beschreibung.

Die Ärzte hatten das Gebiß aus Hitlers Schädel entfernt und in das Kästchen gelegt, das ich bei mir trage.

Eine uns entgegenkommende Zugmaschine schleppt ein Geschütz irgendwohin. Auf ihrem Rohr und auch an der Seitenwand der Maschine leuchteten noch die Buchstaben: »Berlin wird fallen!«

Rotarmisten und Kanonen und Maschinen – alles ist noch an seinem Fleck. Alles ist wie zuvor. Und zugleich ist plötzlich alles anders geworden. Die Kanonen würden nicht mehr schießen, die Soldaten nicht mehr zum Sturm antreten. Der langersehnte Friede ist nach Europa gekommen.

Gestern abend war es warm gewesen, sommerlich warm, doch nun hat sich der Himmel bezogen. Ein trüber Tag, ohne Sonne. In den Berliner Vororten blühen die Gärten, es duftet nach Flieder, am Wegesrand leuchten im Grase die gelben Blüten des Löwenzahns. Dort sitzen zwei Deutsche, ein Junge und ein Mädchen. In ihren jungen, ausdrucksvollen Gesichtern lese ich, daß der Krieg aus, der Albtraum vorbei, der Tod gewichen und daß es ein unermeßliches Glück ist zu leben.

Aus dem heilgebliebenen Vorort fahren wir erneut ins zerstörte Berlin. Die Luft in der Stadt ist noch immer vom Schlachtenqualm gesättigt, Brandgeruch lastet unverändert auf den Ruinen. In einer Mauerlücke leuchtet ein rußfleckiges, rotes Tuch – eine selbstgemachte Fahne, so eine, wie sie die Kämpfer noch vor den Toren Berlins anfertigten und unter der Bluse verbargen, um sie in der deutschen Hauptstadt zu hissen.

Wir gelangen in die Charité. Die Gebäude ist mit farbigen Streifen wunderlich getarnt.

Wir hatten erfahren, daß der Chefarzt der dortigen Hals-Nasen-Ohren-Klinik, Prof. Karl von Eicken, Hitler behandelt habe. Doch ob er noch in Berlin ist und wir ihn antreffen werden, wissen wir nicht.

Schließlich stehen wir vor der Klinik. Jetzt ist hier ein Lazarett, vor allem für Zivilpersonen. Es befindet sich im Keller, wo unter dem niedrigen Deckengewölbe schwach die Lämpchen brennen. Müde und erschöpfte Schwestern in grauen Kleidern tun streng und schweigend ihre Pflicht. Verwundete werden auf Tragen vorübergetragen.

Wir treffen auch Prof. Eicken, einen hochgewachsenen, hageren Mann vorgerückten Alters. Die Bedingungen, unter denen er arbeitet, sind völlig unzureichend. Obwohl man ihn sehr gedrängt habe, sei er nicht aus Berlin geflüchtet, sondern bei den Patienten geblieben. Seinem Beispiel folgend, harrt das gesamte Personal an seinem Platz aus.

Er führt uns in seine Klinik mit der buntbemalten Fassade, die immer noch leersteht. In seinem Zimmer führen wir eine ruhige Unterhaltung.

Ja, er sei wirklich zu Hitler gerufen worden, als dieser am Hals erkrankte. Das sei aber lange her, noch vor 1933.

Eicken nennt Ärzte, die bis in die letzten Tage Hitler besucht haben, darunter auch Prof. Blaschke, Hitlers Zahnarzt, und erteilt einem Praktikanten die Anweisung, mit uns zu ihm zu fahren.

Der Student im schwarzen Mantel und ohne Hut, mit wolligem, dunklem Haar über dem runden, weichen Antlitz, ist freundlich und mitteilsam. Er setzt sich zu uns in das Fahrzeug. Es stellt sich heraus, daß er Bulgare ist und in Berlin studierte, als ihn der Krieg überraschte. Man ließ ihn nicht mehr zurück in seine Heimat.

Durch die notdürftig geräumten Hauptstraßen rollen Autos, die zu Ehren des Sieges mit roten Flaggen geschmückt sind. Die Deutschen fahren auf Fahrrädern. Es sind unzählige Fahrräder mit großen Gepäckträgern. Entweder sitzt ein Kind auf dem Gepäckträger, oder es liegen Habseligkeiten darauf.

Schon eine Woche ist es her, daß der Krieg in Berlin zu Ende ging, und das allgemeine Gefühl der Erleichterung, das die Menschen in den ersten Tagen verspürten, hat nun den Alltagssorgen Platz gemacht.

Die Anzahl der Menschen auf den Straßen hat merklich zugenommen, mit Kindern und Gepäck bevölkern sie die Fußsteige.

Wir biegen auf den Kurfürstendamm ein, eine ehemals glanzvolle Straße Berlins. Jetzt ist sie in einer ebenso elenden Verfassung wie die anderen Straßen auch. Doch das Haus Nummer 213 oder, genauer gesagt, der Flügel mit der Privatpraxis von Prof. Blaschke, ist unbeschädigt. Am Eingang stoßen wir auf einen Mann. Er ist ohne Mantel, und im Knopfloch seiner dunklen Jacke trägt er ein rotes Bändchen, eine freundliche Geste für die Russen, eine Geste des Grußes und der Solidarität. Das ist ungewöhnlich, denn in jenen Tagen regiert in Berlin die weiße Farbe der Kapitulation.

Der Mann stellte sich vor: Dr. Bruck.

Als er hört, daß wir Prof. Blaschke suchen, vertraut er uns an, daß Blaschke nicht mehr da sei. Blaschke wäre mit Hitlers Adjutanten nach Berchtesgaden geflogen.

Wir begeben uns ins Hochparterre, und Dr. Bruck führt uns in ein geräumiges Zahnarztzimmer mit vielen Fenstern.

Als Oberst Gorbuschin hört, daß Bruck hier fremd sei, fragt er ihn, ob er nicht einen Mitarbeiter von Blaschke kenne.

»Und ob!« ruft Dr. Bruck aus. »Sie meinen sicher Käthchen? Fräulein Heusermann? Sie ist in ihrer Wohnung, zwei Schritt von hier.«

Der Student ist bereit, sie zu holen.

»Pariser Straße 39/40«, erklärte ihm Bruck.

Er bittet uns, in den weichen Sesseln Platz zu nehmen, in denen vor gar nicht so langer Zeit die Nazigrößen, Prof. Blaschkes Patienten, zu ruhen pflegten. Seit 1932 sei er Hitlers Zahnarzt gewesen.

Wir hören von Bruck, daß er Zahnarzt war, früher in der Provinz gelebt und gearbeitet habe. Die Assistentin Prof. Blaschkes, Käthe Heusermann, sei Brucks Schülerin und spätere Gehilfin gewesen. Sie und ihre Schwester halfen ihm, sich zu verbergen. Er sei Jude. Er sei unter fremdem Namen untergetaucht.

Eine schlanke, hochgewachsene, sympathische Frau im blauen Mantel tritt ein. Unter dem Kopftuch blicken helle Haare hervor.

»Käthchen«, sagt Bruck zu ihr, »das sind Russen. Sie möchten etwas von dir.« Sie aber bricht sofort in Tränen aus.

»Käthchen«, Bruck schlägt verlegen die Hände zusammen, »Käthchen, das sind doch unsere Freunde«.

Bruck ist viel kleiner als sie, aber er nimmt Käthe Heusermann wie ein Kind bei der Hand und streichelt den Ärmel ihres blauen Mantels.

Diese beiden Menschen standen an entgegengesetzten Polen des faschistischen Regimes. Sie zählte zum Personal, das Hitler bediente und war in privilegierter Stellung. Er aber stand außer Gesetz, wurde verfolgt.

Und dennoch hatten sie sich gegenseitig gestützt.

Das Leben ist vielseitig, reich, bunt und ließ sich in keine von den Nazis vorgezeichneten Bahnen zwängen ...

Wir kommen mit Käthe Heusermann ins Gespräch, und sie gibt sich natürlich und offenherzig. Sie ist 35 Jahre alt. Ihr Bräutigam, ein Lehrer, zu jener Zeit Unteroffizier, weilt irgendwo in Norwegen. Sie hat seit langem keine Nachricht von ihm. Prof. Blaschke hatte ihr angeboten, mit ihm nach Berchtesgaden zu fliehen. Aber sie hatte abgelehnt, weil ihre Sachen in Berlin eingegraben waren. Sie sollten unversehrt bleiben, falls ihr Haus in der Pariser Straße bombardiert würde.

Oberst Gorbuschin fordert mich auf, sie zu fragen, ob eine Krankenakte Hitlers existiere.

Käthe Heusermann bestätigt das und langt nach einem Karteikasten. Erregt folgen wir den Bewegungen ihrer Finger, die die Karten durchblättern. Die Patientenkarte von Himmler und Ley, vom Pressechef Dietrich, von Goebbels, seiner Frau und seinen Kindern gleiten vorüber.

Es ist so still, daß deutlich zu hören war, wie Dr. Bruck leise seufzt. Er weiß nicht, was uns hierher geführt hat, und wünscht, daß sich alles zum Besten wenden möge.

Der Student aber, der etwas zu ahnen scheint, ist von unserer Spannung angesteckt. Er steht unbeweglich, den Lockenkopf zur Seite geneigt.

Schließlich ist die Akte gefunden.

Doch es liegen keine Röntgenbilder dabei.

Käthe Heusermann meint, daß sie im anderen Sprechzimmer Blaschkes, in der Reichskanzlei, sein könnten. In den letzten Tagen waren für Hitler Kronen angefertigt worden. Sie konnten ihm aber nicht mehr eingesetzt werden.

Wir verabschieden uns vom bulgarischen Studenten und von Dr. Bruck und eilen mit Käthe Heusermann in die Reichskanzlei. Sie ist gezeichnet von Granaten und Kugeln, das rußgeschwärzte lange Gebäude, dessen Gemäuer von Durchschüssen gelichtet ist, mit seinem einzigen Balkon, dem architektonischen Ausdruck »des einheitlichen deutschen Willens«, auf dem sich in den Tagen der faschistischen Siege Hitler zu zeigen pflegte.

Wir verlassen den Wagen und schreiten schweigend durch die noch nicht beräumte menschenleere Voßstraße.

Über dem Eingang hängt ein Basrelief: Der Adler mit ausgebreiteten Schwingen hält ein Hakenkreuz in den Klauen. Einige Tage später wird das Relief abgeschlagen und nach Moskau gebracht werden, in das Museum der Roten Armee, wo es noch heute zu sehen ist.

Der Posten steht Gewehr bei Fuß und läßt uns nicht eintreten. Es ist ihm befohlen, ohne einen Sonderausweis des Kommandanten von Berlin niemand einzulassen.

Gorbuschin setzte mit Mühe durch, daß wir hineingehen dürfen. Wir öffnen die schwere Eichentür. Rechts liegt der Festsaal, die Tür ist eingeschlagen, auf dem Boden dämmern Kronleuchter. Links führt eine flache Treppe in den Luftschutzbunker hinunter. Hier hielt sich Hitler bis zum 21. April auf, bis unsere Artillerie eine Salve auf die Innenstadt abfeuerte. Dann zog er in die neue Zufluchtsstätte, in den Führerbunker im Garten, weil er fürchtete, die Reichskanzlei könne unter den Granateinschlägen einstürzen und ihn unter sich begraben.

Wir marschieren durch das gewölbte Vestibül und steigen hinunter. Zu dritt haben wir nur eine Taschenlampe, und die leuchtet auch nur schwach. Es ist finster, öde und unheimlich. Im Senderaum, von wo aus einst Goebbels sprach, schläft ein Rotarmist, den Stahlhelm über die Augen geschoben.

Hier findet sich nur Käthe Heusermann zurecht. Erst drei Tage vor dem Fall von Berlin hat sie dieses »Pharaonengrab« verlassen.

Sie führt uns in die kleine Unterkunft, in der vor kurzem noch ihr Chef Asyl gefunden hatte, bevor er aus Berlin abgeflogen war.

Im schwachen Licht der Taschenlampe schält sich ein Zahnarztsessel aus der Dunkelheit, eine Liege mit verstellbarem Kopfende, ein kleiner Stuhl. Etwas liegt auf dem Fußboden, eine Photographie: der Schäferhund Hitlers mit dem Adjutanten beim Spaziergang. Es ist feucht und riecht nach Schimmel.

Wir suchen im Karteikasten, im Tischkasten, in einem Schränkchen.

Mit Käthe Heusermanns Hilfe finden wir schließlich die Röntgenbilder von Hitlers Gebiß und die goldenen Kronen, die ihm nicht mehr eingesetzt werden konnten.

Wir haben Glück gehabt, unerhörtes Glück, daß der Sturm, der vor einigen Tagen hier durch den Bunker brauste, diesen Raum nicht gestreift hat.

Plötzlich dröhnt im Korridor ein Lied: »Es steht an der Wolga ein Felsen!« Das ist die einsame Stimme eines betrunkenen Soldaten, der die teuren Branntweine getrunken hat, mit denen einst die faschistischen Generale, die er hier hinausgeworfen hatte, ihre Verzweiflung zu betäuben suchten. In seiner Einheit wurde er vermißt, und hier vergnügte er sich schon den siebten Tag, schlief, erwachte und trank wieder auf den Ruhm unserer Waffen und auf den ewigen Frieden derjenigen, die es nicht bis zur Reichskanzlei geschafft hatten ...

Wir gehen wieder und nehmen die äußerst wichtigen Funde mit.

Durch den leeren Bunker dröhnt noch immer die wilde Stimme, trunken von Wein, Triumph und Schmerz: »... mit wildem Moos bewachsen!«

Wir sind noch nicht lange gefahren, da spuckt der Motor. Der Fahrer Sergej schlägt die Kühlerhaube zurück, wir steigen aus und stehen am Brandenburger Tor.

Ich muß daran denken, wie durch diese sechs Säulen die Fackelzüge der Nazis marschierten, auf dem Balkon des Adlon bemühte sich der schmächtige Goebbels, hinter den breiten Rücken seiner Kumpane hervorzulugen. Hitler reckte den Arm über die Menge. Es flammten die Fackeln der Brände auf, der Zerstörungen, der Bücherverbrennungen. Die Faschisten hatten sie gelegt und wurden schließlich selbst vom Feuer verschlungen. Nicht von ungefähr wurden diejenigen Soldaten der deutschen Armee »Fackelträger« genannt, die den Auftrag hatten, Städte und Ortschaften anzustecken. Wieviel menschliches Leid haben sie auf ihrem Gewissen!

Wir sind gerade ein Stück weitergefahren, als plötzlich Geschützdonner die Stille der letzten Tage unterbricht. Was ist das? Geht der Krieg wieder los? Ich begreife nicht gleich, daß es Salutschüsse sind! Wir halten.

Über den schrecklichen Trümmern steigen Leuchtspurgeschosse in den Himmel. Bunte Lichter blitzen auf. Schwere Geschütze und leichte Maschinengewehre schießen Salut, Maschinenpistolen rattern. Der Lärm wird immer stärker, und alles ringsum erzittert wie in den Stunden der Schlacht.

Das ist der glückliche Tag unseres Sieges über den Faschismus – über Unmenschlichkeit, Gewalt und Verfall des Menschen ...

Wir verlassen den Wagen. Schweigend stehen wir, gerührt und erstarrt in überschäumendem Glücksgefühl und im Schmerz beim Gedanken an jene, die den Sieg nicht miterleben konnten.

*Erste Räum-
arbeiten.*

*Kleine Beratung
über ein großes
Problem.*

*Eine Panzersperre
wird beseitigt.*

Kein Roman

Liebhaber von Kriminalromanen werden sicher enttäuscht sein, es gibt weder Hinterhalte noch Schüsse aus dem Verborgenen, noch aufgebrochene Safes. Und ich möchte zum Verdruß derjenigen, die Legenden der Wahrheit vorziehen, hinzufügen: Es gibt auch keine Doppelgänger.

Mit Käthe Heusermanns Hilfe sind wir in der Lage, den wichtigsten, unbestreitbaren Beweis vom Tod Hitlers zu erbringen.

Käthe Heusermann beschreibt uns zuerst Hitlers Zähne aus dem Gedächtnis. Das geschieht in Berlin-Buch. Mit ihr sprechen Gorbuschin und Bystrow, ich übersetze. Ich bitte sie, die Zähne nicht mit Fachausdrücken zu bezeichnen, sondern einfach nach Nummern, denn ich befürchte, ich kenne nicht die entsprechenden russischen Fachausdrücke.

»Hitler trug am Oberkiefer eine goldene Brücke, die am ersten linken Zahn mit einer Fensterkrone befestigt war«, erzählt Käthe Heusermann, »dann auf der Wurzel des zweiten linken Zahns, auf der Wurzel des ersten rechten Zahns und auf dem dritten rechten Zahn mit einer goldenen Krone ...«

Dann befragen Fachleute Käthe Heusermann.

Im Protokoll steht, daß im Gespräch mit dem Chefgerichtsexperten der Front, Oberstleutnant des Medizinischen Dienstes Schkarawski, »das am 11.5.1945 stattfand«, die Bürgerin Heusermann, Käthe, »detailliert den Zustand der Zähne Hitlers beschrieben habe. Ihre Beschreibung stimmte mit den anatomischen Angaben von der Mundhöhle des von uns sezierten, verkohlten, unbekannten Männerleichnams überein.«

Am 10. Mai sagte Käthe Heusermann aus: »Im Herbst 1944 war ich dabei, als Hitler der sechste Zahn am Oberkiefer gezogen wurde.

Zu diesem Zweck fuhr ich mit Professor Blaschke in Hitlers Hauptquartier in den Kreis Rastenburg. Um diesen Zahn zu ziehen, durchschnitt Professor Blaschke mit der Bohrmaschine die goldene Brücke zwischen dem vierten und fünften Zahn im Oberkiefer links. Ich hielt dabei den Spiegel in Hitlers Mund und beobachtete aufmerksam die ganze Prozedur.«

Wir vergleichen die Aussage mit dem medizinischen Protokoll vom 8. Mai, wo es heißt: »Die Brücke im Oberkiefer links hinter dem kleinen Backenzahn (4) ist vertikal durchschnitten.«

Und das Wichtigste – die Zähne selbst. Käthe Heusermann betrachtet sie und erkennt sie als Hitlers Zähne.

Fritz Echtmann, der später ausfindig gemachte Zahntechniker Hitlers, schildert auch zuerst Hitlers Zähne aus der Erinnerung, und dann erhält er die Möglichkeit, diese in Berlin-Buch zu besichtigen.

Dabei ist der »Prawda«-Korrespondent Martyn Mershanow. Bereits am 2. Mai war er als einer der ersten an jenem Ort, wo der tote Goebbels gefunden wurde, und half, das Protokoll anzufertigen.

Fritz Echtmann ist ein kleiner, bleicher Mann von etwa dreißig Jahren. Seine glatten, dunklen Haare, die feucht scheinen, hängen ihm über die Augen, und er schiebt sie von Zeit zu Zeit mit der Hand zurück, während er die vor ihm auf dem Tisch liegenden Zähne Hitlers betrachtet. Er identifiziert sie.

Als er die Zähne Eva Brauns besichtigt, gerät er in Erregung. »Die Konstruktion dieser Brücke ist meine eigene Erfindung«, notiere ich seine Worte, »und niemandem, außer Eva Braun, fertigte ich solch eine Brücke an. Auch in meiner Praxis habe ich nie eine ähnliche Konstruktion zur Befestigung der Zähne gesehen [...] Meine erste Brücke lehnte Eva Braun ab, weil das Gold zu sehen war, wenn sie den Mund öffnete. Ich fertigte eine zweite Brücke an, bei der ich diesen Mangel beseitigte. Ich tat das in origineller Weise.«

Die Untersuchung ist abgeschlossen. Hitlers Zähne sind ein unwiderlegbarer Beweis seines Todes. Sie werden zusammen mit den Untersuchungsergebnissen nach Moskau geschickt.

Schon dampfen nicht mehr unsere Feldküchen auf den Berliner Straßen. Neben unserem Mädchen, das den Verkehr regelt, steht jetzt auf den Kreuzungen ein deutscher Polizist mit weißem Umhang.

Zwanzig Tage lang weht über dem Reichstag die im feindlichen Feuer gehißte Fahne, dann wird sie als wertvolle Erinnerung nach Moskau gesandt.

Die Sonne wärmt die Trümmer. Wenn man aufmerksam lauscht, kann man den Mörtel rieseln hören. Ruinen.

Mit Hitler ist es aus. Zurück bleibt eine vom Feuer verstümmelte Leiche, hastig mit Erde und Schutt bedeckt. Die Geschichte hatte in dieser Stunde ihr unerbittliches und gerechtes Urteil gefällt.

Mit dem Faschismus ist es aus. Auf alte Weise kann man nicht mehr leben. Neue Wege müssen gesucht und gefunden werden. Am schwersten hat es die deutsche Jugend. Ihre Sache ist es, sich zu besinnen, zu suchen und alles neu zu entdecken.

Mit jedem Tag erscheinen mehr Menschen auf den Straßen. Irgendwo wird schon Theater gespielt, und das Volk drängt sich, um das in aller Eile geprobte, belanglose Stück zu sehen. Die Hauptsache: ein Stück ohne faschistischen Ungeist, ohne Krieg. Beim Auseinandergehen summen sie Melodien aus der Aufführung.

Aber neue Worte, neue Lieder, neue Vorstellungen sind erst im Entstehen begriffen.

Und neben dem Werbespruch »Mein Friseur ist und bleibt Otto Bauer« wird ein neues Plakat angeschlagen: »Wer Deutschland liebt, muß den Faschismus hassen.«